Fred Metzler
Meistervereinigung Gastronom e.V. Baden-Württemberg

Das PfundsKur Kochbuch

Herausgeber SDR 1 in Zusammenarbeit mit der AOK

FALKEN

Inhalt

Prof. Dr. Volker Pudel
Fit ohne Fett
Die neue PfundsKur
Herausgeber SDR 1 in Zusammenarbeit mit der AOK
FALKEN
Frühstück 4
Abendessen
Fettaugen gesamt 20

Vorwort

Meine lieben Leserinnen und Leser! Wenn ich mal voraussetze, daß Sie alle, die Sie an der PfundsKur des Süddeutschen Rundfunks teilnehmen, auch regelmäßig Radio hören, dann sind wir doch nichts weniger als gute alte Bekannte?! Und eben das macht es Ihnen vielleicht ein wenig leichter, wenn Sie wissen, daß Sie den schweren Weg durch die vermeintlichen Tiefen nicht allein gehen müssen. Lassen Sie mich Ihr Begleiter sein vor allem mit diesem Kochbuch, das wir mit Liebe und Sachverstand für Sie zusammengestellt haben. Schon beim ersten Durchblättern werden Sie überrascht feststellen, daß es sich gar nicht so sehr von einer „normalen" Rezeptesammlung unterscheidet; aber „der kleine Unterschied" macht's aus, das, was letztendlich zu Ihrem Vorteil dabei rauskommt.

Bei J.K. Jerome konnte man vor hundert Jahren lesen: „Oh, meine Freunde, wir sind wahrhaftig die traurigsten Sklaven unseres Magens! Warum strebt Ihr nach Moralität und Rechtschaffenheit? Wacht vielmehr sorgsam über Euren Magen und regelt Eure Diät mit Verstand. Dann wird Tugend und Zufriedenheit in Euren Herzen wohnen, ohne daß Ihr Euch besonders anstrengen müßt. Dann werden aus Euch gute Bürger, liebende Gatten, zärtliche Mütter – edle, brave Menschen."

Naja, so hochgesteckt sind unsere Erwartungen gar nicht. „Tugend" bleibt Ihre Privatangelegenheit, mit „Zufriedenheit" wären wir schon zufrieden.
Und das heißt ganz einfach: Sie sollen sich wohl fühlen, trotz gewisser Einschränkungen. Ich möchte es mal salopp formulieren: Ihr Problem wird durch unser Kochbuch zu einer Art angenehmem Zeitvertreib. Sie werden Rezepte entdecken, von denen Sie möglicherweise noch nie etwas gehört haben (so wie ich beim „Gaisburger Marsch vom Reh"! Seite 76). Oh, welche Freude bereitet es uns, ein neues Gericht auszuprobieren! Ein Genuß, der schon beim Einkaufen beginnt, bei der Auswahl der Zutaten, der Sie größte Beachtung schenken sollten. Sorgfältig wählen, geschickt abwägen, mit Liebe zubereiten und mit Freude essen. Das wäre doch ein Motto für die nächsten Wochen. Und darüber hinaus; denn Sie wollen doch nach Möglichkeit so bleiben, wie Sie sich gewünscht haben zu werden. Ich freue mich schon jetzt, wenn wir uns zufällig mal am Telefon (bei einem Wunschkonzert zum Beispiel) begegnen und Sie mir strahlend mitteilen: Ich hab's geschafft. Mit der PfundsKur! Ich fühle mich wie ein neuer Mensch! Denn das, meine lieben Leserinnen und Leser, haben Sie wirklich verdient!
Also, gehn wir's an ...

Ihr Fred Metzler

Geleitwort

MEISTERVEREINIGUNG GASTRONOM E.V.
BADEN-WÜRTTEMBERG

**Wir machen Meisterküche.
Wir machen Meisterköche.**

Diät, das bedeutet nicht Verzicht auf gutes Essen. Es bedeutet auch nicht den generellen Verzicht auf Fleisch, Fisch, Geflügel oder Wild, also nicht die vollständige Hinwendung zu vegetarischer Kost.
Wohl aber sollte Diät die Erfüllung der Forderung sein, bewußt mit den Brenn- und Nährwerten, besonders dem Fett- und dem Cholesteringehalt der Lebensmittel sowie dem Fett- und Zuckergehalt fertiger Speisen umzugehen.
Eine einseitige Reduktionsdiät führt bestenfalls kurzfristig zu einer Gewichtsabnahme; nach dem Ende der Diät sind die überflüssigen Pfunde schnell wieder drauf. Ein langfristiger Erfolg aufgrund veränderter Ernährungsgewohnheiten stellt sich nicht ein.
Hinzu kommt, daß bei vielen der angebotenen Blitzdiäten außer acht gelassen wird, daß der Körper auf lebenswichtige Nährstoffe, zum Beispiel Vitamine und Mineralstoffe, unbedingt angewiesen ist. Deshalb machen viele Diäten geradezu krank und dabei selten auf Dauer schlank.
Anders die PfundsKur: Sie propagiert eine ausgewogene, fettreduzierte Kost. Bei ihr hat man also nicht ganz auf Fett verzichtet.

Schließlich ist Fett ein Geschmacksträger. Und nur was schmeckt, hat letztendlich auch in der häuslichen Küche Bestand, wird nachgekocht und gern gegessen. Wichtig ist – wie eigentlich überall im Leben –, daß Maß gehalten wird. Die tägliche Kost kann also gesunde Nahrung oder Last für den Körper sein. Es kommt auf die richtige Auswahl und die richtigen Mengenverhältnisse an. Erkenntnisse, die wir Köche der Meistervereinigung Gastronom e.V. Baden-Württemberg in unseren Häusern zwischen Main und Bodensee in die Praxis umsetzen.
Die Meistervereinigung ist ein Zusammenschluß von ungefähr 500 hochqualifizierten Küchenmeistern, denen die Kochkunst gleichermaßen gesunde Ernährung und ein Stück Kultur bedeutet.
Die Meistervereinigung hat der Weiterentwicklung der Küche in unserem Lande in den vergangenen Jahren viele Impulse gegeben. Sie steht ein für eine leichte, regional ausgerichtete Küche, die den natürlichen Geschmack der verwendeten Lebensmittel betont – eine Richtung, die heute von gleichgesinnten Köchen natürlich auch in den angrenzenden Regionen eingehalten wird.
Sie werden unter den vorgestellten Gerichten Rezepte finden, die schon unsere Großeltern kannten. Allerdings werden Sie schnell bemerken, daß wir sparsam mit Fett umgehen. Diese Tatsache ist ja Grundvoraussetzung für pfunds-Kurgerechtes Essen.
Die Rezepte sind im übrigen so gehalten, daß das Nachempfinden und Nachkochen problemlos ist.

D. Wägerle

Dieter Wägerle
1. Vorsitzender der
Meistervereinigung Gastronom e.V.
Baden-Württemberg

Eugen Heubach

Eugen Heubach
Geschäftsführer der
Meistervereinigung Gastronom e.V.
Baden-Württemberg

Erläuterungen zur PfundsKur

Leckerbissen als Ergänzung zur PfundsKur
„Schlankheit ist weiterhin in. Nur 20% der Frauen sind mit ihrer Figur und ihrem Gewicht zufrieden" – so steht es im Ernährungsbericht 1992. Doch die Jahre der Blitz- und Crash-Diäten scheinen allmählich vorbei zu sein. Zu groß waren die Mißerfolge, die sich immer wieder einstellten. Falsche Diät macht dick! Der Körper wehrt sich gegen jede Art von Fehlernährung. Bei einer extrem kalorienreduzierten Kost stellt er auf „sparsame Haushaltsführung" um, ist bemüht, Kalorien einzusparen. Nach anfänglichem Gewichtsverlust kommt es daher zum Stillstand auf der Waage, und anschließend klettert das Gewicht wieder in die Höhe – oft über den Ausgangswert hinaus. Umdenken ist angesagt.
Die PfundsKur ist ein Rundum-Trainingsprogramm und keine einseitige Diät. Sie stellt das vollwertige, gesunde Essen in den Vordergrund. Sie gibt Verhaltenstips, damit jeder schmackhafte und dabei ausgewogene Nahrung zu sich nehmen kann.
In diesem Buch sind Rezepte von Meisterköchen der Meistervereinigung Gastronom e.V. Baden-Württemberg gesammelt. Sie sind als ergänzende Leckerbissen zur PfundsKur gedacht. Wer also die PfundsKur durch ausgefallene Gerichte ergänzen möchte, dem sei der vorliegende Band empfohlen. Aber auch „für die Zeit danach" bietet er Anregungen, die mithelfen, das Gewicht zu sichern, ohne daß man auf Eßgenuß verzichten muß. Und damit Sie das neue Prinzip der neuen PfundsKur auch wirklich richtig umsetzen können, folgen hier nun einige Informationen vorab.

Eßgenuß aus Meisterhand
Das Kochbuch zur neuen PfundsKur schlägt Ihnen hochkarätige Rezepte vor. Es sind ausnahmslos kreative Schöpfungen von Meisterköchen, die den Eßgenuß der schwäbischen Küche versprechen. Bevor Sie jedoch in die Küchenpraxis einsteigen, einige Informationen dazu, wie die Gerichte in der PfundsKur sinnvoll eingesetzt werden.

Kalorien aus Fetten
Die neue PfundsKur arbeitet nach dem Prinzip der sogenannten Fettaugen. Das ist völlig neu und auf die modernen Erkenntnisse der Ernährungswissenschaft zugeschnitten. Wir wissen heute, daß der menschliche Körper nicht alle Kalorien in gleicher Weise verarbeitet. Mit einem zuviel an Fettkalorien ist der Stoffwechsel überfordert, während er Kohlenhydratkalorien „gern mag".

Ein Blick in die Vergangenheit
Wie ernährten sich unsere Vorfahren? Niemals in der Menschheitsgeschichte gab es den Überfluß des Schlaraffenlandes, den uns heute jeder Supermarkt beschert. Die Menschen vergangener Jahrhunderte lebten großteils in Nahrungsknappheit. Was auf den Tisch kam, bestand zumeist aus pflanzlichen Produkten: aus Kohl, Getreide, Rüben, Wurzeln, Obst – alles kohlenhydrathaltige Lebensmittel. Fleisch war knapp, und die „gute Butter" erinnert an die Zeit, in der diese eine Kostbarkeit war. Noch in unserem Jahrhundert gab es in vielen deutschen Familien nur sonntags Fleisch. Die „doppelte Klappstulle" mit einer Scheibe Wurst dazwischen war eine ganz besondere Abwechslung im üblichen Einerlei der Rübenkraut- oder Marmeladenbrote. Auf diese überwiegend kohlenhydrathaltige Nahrung hat sich der menschliche Organismus über die Jahrtausende eingestellt. Magengröße, Darmlänge, aber auch Hunger- und Sättigungsregulation sind an eine kohlenhydratreiche Ernährung angepaßt.

Die fetten Jahre
In den 50er Jahren kam es zu einem Wandel des Lebensmittelangebots. Binnen kurzer Zeit gab es Fleisch, Wurst, Käse, Butter und Eier „satt" – in unbegrenzter Menge und zu erschwinglichen Preisen. Die Menschen bevorzugten nun genau die Lebensmittel, die zuvor knapp und selten waren. Mit dieser Änderung des Ernährungsverhaltens steigerte sich der Fettkonsum und erreichte ein bislang nie dagewesenes Ausmaß. Mehr und mehr Menschen wurden übergewichtig. Herzinfarkt und Schlaganfall kletterten an die Spitze der Todesursachenstatistik. Grund der Erkrankungen sind meist Fettstoffwechselstörungen.

Schlußfolgerung
Wer abnehmen oder sein Gewicht halten will, der muß in unserem „fettreichen Schlaraffenland" seinen Blick für Fettkalorien schärfen. Fett ist zumeist unsichtbar in Lebensmitteln und Speisen enthalten. Das ist das Problem! Und hier setzt die PfundsKur zur Lösung an: die Fettaugen wurden erfunden. Sie sollen klar anzeigen, wieviel Fett im Essen steckt. Alle Rezepte der Meisterköche wurden „durchleuchtet", bei jedem Gericht – inklusive der Beilagen – ist angegeben, wie viele Fettaugen enthalten sind. So können Sie auf einfache Weise abzählen, wieviel Fett Sie verzehren.

Bundesnorm: mehr als 35 Fettaugen

Der Bundesbürger „ißt" im Durchschnitt mehr als 35 Fettaugen pro Tag. Das ist für seine Figur und sein Gewicht, aber auch für seine Gesundheit viel zuviel. Der Stoffwechsel gerät aus dem Gleichgewicht, und die Figur wird allmählich unförmig. Darum der PfundsKur-Vorschlag: Zählen Sie Ihre Fettaugen, beim Frühstück, beim Mittag- und Abendessen, aber auch bei den Zwischenmahlzeiten!

Die persönliche Grenze

Wenn Sie viel abnehmen und ganz gesund essen wollen, dann setzen Sie sich bei 20 Fettaugen Ihre Grenze. Ihr Kostplan darf also pro Tag nicht mehr als 20 Fettaugen aufweisen.

Wenn es Ihnen zu schwierig erscheint, dieses Limit einzuhalten, Sie auch nicht unbedingt sehr viel abnehmen wollen, dürfen es am Tag auch bis zu 25 Fettaugen sein. Wer die aktive Phase der neuen PfundsKur hinter sich hat und sein erreichtes Gewicht halten möchte, der kann seinen Verzehr langsam von 20 auf 25 Fettaugen steigern. Doch hier gibt es keine Standardregel, weil jeder Organismus individuell reagiert. Vorsichtig ausprobieren heißt der gute Rat. Droht das Gewicht zu steigen, lieber ein paar Fettaugen weniger „essen". Mit dem Wert von 20 liegt man jedenfalls immer richtig. Diese Menge beeinträchtigt weder Gesundheit noch Figur. Wie weit diese Grenze überschritten werden kann, muß mit einem Blick auf die Waage überprüft werden.

1 Fettauge gleich 3 Gramm Fett

1 Fettauge steht für ungefähr 3 Gramm reines Nahrungsfett. Eine Tagesgrenze von 25 Fettaugen läßt also 75 Gramm Fett im Essen zu. Das entspricht den Empfehlungen der Deutschen Gesellschaft für Ernährung. Wer abnehmen will, muß sich allerdings um bis zu 5 Fettaugen unterhalb dieser Grenze bewegen.

Neue Erkenntnisse

Neuere Untersuchungen zeigen: Übergewichtige Menschen essen meist insgesamt nicht mehr Kalorien als normalgewichtige. Allerdings nehmen sie mehr Fettkalorien und weniger Kohlenhydratkalorien zu sich. Erfolgreiche Teilnehmer an Diätprogrammen sparen hauptsächlich Fettkalorien ein. Wer lediglich Kohlenhydratkalorien spart, nimmt dauerhaft nicht gut ab, obwohl auch er weniger Kalorien ißt. Fett ist also die ganz entscheidende Größe, um das Gewicht zu reduzieren und anschließend zu halten.

Kohlenhydrate verbrennen zuerst

Seit einigen Jahren weisen Untersuchungen von Schweizer Ernährungsforschern darauf hin, daß der menschliche Organismus nicht in der Lage ist, Kohlenhydratkalorien in nennenswerten Mengen zu Fett „umzubauen". Kohlenhydrate werden primär zur Energiegewinnung herangezogen. Sie sind wie das Geld in Ihrem Portemonnaie, das unmittelbar für den Lebensunterhalt aufgebraucht wird. Überschüssiges Fett dagegen ist vergleichbar mit den Spareinlagen auf Ihrem Bankkonto, es wird für längere Zeit fest angelegt.

Gewichtszunahmen sind also nur dann möglich, wenn der Mensch mehr Kalorien „ißt", als sein Körper zur Energiegewinnung benötigt. Und da der Organismus dafür zunächst die Kohlenhydratkalorien heranzieht, besteht der Kalorienüberschuß meist nur aus Fettkalorien.

Solche und solche Kohlenhydrate

Die Gruppe der Kohlenhydrate ist groß. Auf der einen Seite gibt es eine Fülle an stärkehaltigen Lebensmitteln, die gut sättigen und meist viele Vitamine und Mineralstoffe enthalten. Immer wenn Sie Appetit haben, können Sie von diesen Lebensmitteln so viel essen, daß Sie davon satt werden. Das ist Genuß ohne Risiko für die Figur!

Dann gibt es aber auch noch die süßen Kohlenhydrate – die Zucker. Den wichtigsten Punkt gleich vorab: Nahezu alle Süßigkeiten enthalten neben Zucker auch Fett. Meist haben sie sogar mehr Fett- als Zuckerkalorien. Darum stellen sie einen Risikofaktor für die Figur da! Schokolade, Cocos- und Schokoriegel, Kuchen, Pralinen – da stecken jede Menge Fettaugen drin. Wer jedoch gerne süß ißt, der sollte sich das Süße nicht gänzlich verbieten. Denn sonst wird der Süßhunger unerträglich. Fettarme oder besser fettfreie Süßigkeiten bieten sich an. Gummibärchen, Weingummis, Fruchtbonbons, auch Honig und Zucker können Sie in Maßen genießen. Süßstoffe, selbst zwar kalorienfrei, stehen im Verdacht, den Appetit zu steigern. Daher scheint es sinnvoller zu sein, sich mit entsprechendem Augenmaß für den „echten" Zucker zu entscheiden.

Ist Zucker „freigegeben"?

Jein! Mit Zucker können Sie großzügiger umgehen als mit Fett. Darum schlägt die PfundsKur Ihnen auch vor, nur die Fettaugen zu zählen und zu kontrollieren. Wenn Sie zuckerhaltige Lebensmittel auswählen, sollten Sie aber bedenken: Zucker wird schnell von den Mundbakterien vergoren. Dabei entsteht Säure, welche die Mineralstoffe aus dem Zahnschmelz löst. So beginnt Karies. Zur Vorbeugung sei gründliches Zähneputzen empfohlen.

Zuckerstoffe sind konzentrierte Kohlenhydrate – Kalorien pur, ohne Vitamine, ohne Mineral- und ohne Ballaststoffe. Im Gegensatz zu den stärkehaltigen Kohlenhydraten, wie Kartoffeln oder Brot, lassen sich große Mengen Zucker(-kalorien) schnell essen und vor allem trinken, ohne daß die Sättigungsbremse aktiviert wird. Ein Liter Colalimonade hat über 400 Zukkerkalorien. Tip: besser Fruchtsaft mit Mineralwasser verdünnen!
Zuckerhaltige Lebensmittel sind in der PfundsKur natürlich gestattet, doch Sie sollten Ihr Augenmaß einsetzen. Naschen Sie nur fettfreie Süßigkeiten in kleinen Mengen, wenn Sie ein großes Verlangen nach „Süß" haben. Dann liegen Sie richtig.

Die Fettaugen regeln die Auswahl der Gerichte
Alle Gerichte der neuen PfundsKur zeigen Ihnen ihre Fettaugenanzahl und somit ihren Fettgehalt an. Sie müssen nur noch bis 20 zählen. Das ist das einfache, aber wirkungsvolle Prinzip der neuen PfundsKur. Die Meisterköche haben sehr unterschiedliche Rezepte entwickelt, manche mit wenigen, andere mit mehr Fettaugen. Die Vorschläge können auch kombiniert werden. Nehmen Sie zum Beispiel mittags ein fettaugenreiches Gericht, dann sind für Frühstück, Zwischenmahlzeiten und Abendessen Rezepte mit wenig Fettaugen zu wählen. Grundsätzlich: Bei 20 oder maximal 25 Augen „ist der Eß-Tag gelaufen"!

Spartips
Obst, Gemüse, Blattsalat, Kartoffeln, Getreide, Vollkornbrot, Nudeln und Reis sind Lebensmittel, die „gute" Kohlenhydratkalorien liefern, aber so gut wie kein Fett enthalten. Sie belasten Ihre Fettaugenstatistik wenig.
Wenn Ihr Frühstück aus einem Obstsalat besteht und/oder Sie abends einen knackigen Salat mit ein paar Scheiben Knäckebrot essen und wenn Sie außerdem zwischendurch zu frischem Obst und Rohkost greifen, dann können Sie sich schon mal ein üppiges Mittagsmahl gönnen. An den genannten Lebensmitteln können Sie sich also satt essen, ohne daß Ihr Fettaugenkonto nennenswert belastet wird.
Übrigens: Fettreduzierte „Light-Produkte" helfen kräftig mit, wenn es gilt, die Fettaugen unter Kontrolle zu halten. Halbfettbutter, Halbfettmargarine, „leichte" Wurst und fettarmer Käse, teilentrahmte Milch und teilentrahmter Joghurt sind moderne, sinnvolle Lebensmittel. Aber Vorsicht: Halbfettbutter und -margarine können zum Braten, Backen und Kochen nicht verwendet werden. Sahne mit 30% Fett kann man gegen eine 10%ige Kaffeesahne austauschen. Auch hier eine Einschränkung: Kaffeesahne läßt sich bei der Saucenherstellung nicht einreduzieren.
Noch ein Tip: Ein Salatdressing aus fettarmem Joghurt anstelle einer Ölmarinade spart eine Menge Fettaugen ein.

Selbst kombinieren
Die Rezepte der Meisterköche sollen Ihnen Lust und Appetit machen, neue Gerichte auszuprobieren. Sie selbst müssen sich Ihren Tagesplan aber so zusammenstellen, daß Sie Ihre individuelle Fettaugenanzahl nicht überschreiten. Sie sollten die angebotenen Rezepte also nicht einfach von vorn nach hinten nachkochen. Wählen Sie nach Ihrem persönlichen Geschmack Frühstück, Mittag- und Abendessen aus, dazu noch zwei Zwischenmahlzeiten, und rechnen Sie dabei die Fettaugen zusammen. Stimmt die Tagesbilanz, ist Ihre Wahl richtig. Wenn nicht, müssen Sie Gerichte austauschen oder bei den Zwischenmahlzeiten auf ein Stück Obst zurückgreifen.

Die PfundsKur-Prinzipien
Viele stärkehaltige Lebensmittel – wenig Fett und fettreiche Lebensmittel – Süßes in Maßen. Mit Genuß essen und dabei sattwerden. Der Gesundheit und der Figur zuliebe Tag für Tag die individuelle Fettaugengrenze beachten.

Das Neue PfundsKur-Programm
Wenn Sie sich jetzt noch intensiv für die neue PfundsKur interessieren, für das Trainingsprogramm in 10 Wochenschritten, dann besorgen Sie sich doch das neue PfundsKur-Buch, das ebenfalls im FALKEN Verlag erschienen ist. Die 10 Kapitel informieren Sie in „verzehrsgerechten Portionen" über alle wichtigen Fragen rund um das Abnehmen: über Erbfaktoren, über die Ursache des Süßhungers, über den Kummerspeck oder wie man Vorsätze faßt, bei denen man dann auch bleibt. Es gibt viele Tests, die jeder für sich selbst auswerten kann. Der erste sagt Ihnen zum Beispiel, wieviel Sie überhaupt abnehmen können.
Zudem finden Sie weitere Rezepte – natürlich mit Fettaugenangabe. Ganz neu und zum ersten Mal – die große Tabelle mit 1000 Lebensmitteln und deren Fettaugenanzahl. Mit dieser Tabelle werden Sie problemlos zum Fettdetektiv.

Guten Appetit!
So, und jetzt heißt es: Augen auf beim Fett! Kombinieren Sie richtig, und genießen Sie die Gerichte der Meisterköche.

Prof. Dr. Volker Pudel

Frühstück

Aus dem 18. Jahrhundert stammt der Spruch einer klugen Frau: „Das sittliche und körperliche Wohlergehen der Menschheit hängt wesentlich vom jeweiligen Frühstück ab." Der Volksmund sagt es einfacher: „Arbeite nie vor dem Frühstück! Aber wenn Du vor dem Frühstück arbeiten mußt, dann frühstücke vorher!" Ein gutes Frühstück scheint also einer der vier Zwecke des Lebens zu sein.

Wenn das innere Bedürfnis nach einer gesunden, ausgewogenen und wohlschmeckenden Morgenmahlzeit gleichbedeutend mit Lebensklugheit ist, dann sind unsere Schweizer Nachbarn gescheiter als wir. Nicht umsonst hat eine Speise aus Getreideflocken, eingeweicht in Milch, vermischt mit Zitronensaft, eventuell geriebenen Äpfeln oder anderem Obst, Rosinen, gemahlenen Nüssen oder Mandeln, bekannt als Müsli, von Zürich aus ihren Siegeszug um die Welt angetreten. Wer sie kreiert hat, läßt sich nicht mehr genau nachvollziehen. Wem auch immer wir das Müsli zu verdanken haben, der Tag könnte nicht unbeschwerter beginnen, als mit einer „Streicheleinheit" für das eigene Wohlbefinden.

Darf ich Ihnen etwas ans Herz legen? Nehmen Sie sich Zeit für Ihr Frühstück. Etwa 18 Stunden zwischen dem Abendessen des Vortages und dem Mittagessen wollen weise überbrückt werden. Und machen Sie sich mein heiligstes Prinzip zu eigen: Lieber früher aus den Federn, als die erste Mahlzeit des Tages im Stehen unter Zeitdruck hinunterzuschlingen. Ein gutes, geruhsam genossenes Frühstück ist Balsam für die Seele, Streßvertreiber und Muntermacher. Gestärkt und zufrieden für den Rest des Tages haben Sie dann vielleicht schon einen der vier Zwecke des Lebens erfüllt. Und nicht vergessen: Für jeden Zahn einmal kauen! Das gilt im übrigen auch für alle anderen Mahlzeiten. Falls Sie sich erinnern: Die Natur hat uns 32 Zähne mitgegeben. Auch die Restbestände kauen mit!

Werner Prechtl

Dickmilch mit Vollkornmüsli und Trauben

Fettaugen: 1

Zubereitungszeit: ca. 10 Minuten

Sie benötigen für 4 Portionen:

- 500 g blaue und weiße Trauben
- 450 g Dickmilch (1,5% Fett)
- 200 g Vollkornmüsli ohne Zucker und ohne Nüsse (Fertigprodukt)
- 1 TL Honig

So wird's gemacht:

1. Die Trauben waschen, mit Küchenkrepp trockentupfen, halbieren und die Kerne eventuell entfernen. Die Traubenhälften mit der Dickmilch und der Vollkornmüslimischung vermengen.
2. Das Müsli nach Belieben mit dem Honig süßen, dann in Schüsselchen geben und servieren.

Hans-Peter Kotheder

Gerstenmüsli mit Orangen

Fettaugen: 2

Zubereitungszeit: ca. 1/4 Stunde
Zeit zum Einweichen:
ca. 10 Minuten

Sie benötigen für 4 Portionen:

- 8 EL Gerstenschrot oder -flocken
- 1 Vanilleschote
- 4 Orangen
- 500 g Joghurt (1,5% Fett)
- 4 TL Honig
- 4 TL eingeweichte Korinthen
- 4 TL Pinienkerne (ca. 20 g)

So wird's gemacht:

1. Das Getreide etwa 10 Minuten in 1/4 Liter Wasser einweichen. Die Vanilleschote aufschlitzen und das Mark herauskratzen.

2. Die Orangen filetieren. Dazu die Schale der Früchte so abschneiden, daß auch die weiße Haut entfernt wird. Mit einem Filetiermesser an den Zwischenhäuten herunterschneiden, die Orangenfilets herauslösen und in Würfel schneiden.
3. Eingeweichtes Getreide, Orangenstücke, Joghurt, Honig, Korinthen und Vanillemark mischen.
4. Das Müsli in Schüsseln verteilen, mit Pinienkernen bestreuen.

„Beim Kauen zerkleinert man die Speise, vergrößert ihre Oberfläche und legt so Nährstoffe und Vitamine frei, die ein hastiger Esser in der ganzen Emballage von Zellulose usw. ungenutzt herunterschlingt."
Gräfin Schönfeld

Hubert Högg

Apfel-Knusper-Müsli mit Banane und Sanddorn

Fettaugen: 1

Zubereitungszeit: ca. 1/4 Stunde
Zeit zum Durchziehen:
ca. 1/4 Stunde

Sie benötigen für 4 Portionen:

1 Banane
2 Äpfel
Saft von 1 Zitrone
6 EL Vollkornflocken (Roggen, Weizen oder Hafer)
1 EL gehobelte Mandeln (ca. 10 g)
1/4 l Milch (1,5% Fett)
125 g Joghurt (1,5% Fett)
2 EL Sanddornsaft (Reformhaus)
4 geh. EL Corn-flakes

So wird's gemacht:

1. Die Banane schälen. Die Äpfel waschen, eventuell schälen, vierteln, vom Kerngehäuse befreien und in feine Scheiben schneiden. Die Banane ebenfalls in feine Scheiben schneiden.
2. Alle übrigen Zutaten außer den Corn-flakes mit dem Obst in einer Schüssel mischen. Diese mit einem Teller zudecken und das Müsli etwa 1/4 Stunde durchziehen lassen.
3. Das Müsli in Schüsselchen verteilen, die Corn-flakes darüberstreuen und das Knuspermüsli sofort servieren.

Berthold Sauter

Flockenmüsli mit frischer Mango

Fettaugen: 1

Zubereitungszeit: ca. 1/4 Stunde
Zeit zum Einweichen:
ca. 1/4 Stunde

Sie benötigen für 4 Portionen:

8 EL Dinkel- oder Haferflocken
2 EL Rosinen
250 g Dickmilch (1,5% Fett)
1 mittelgroßen Apfel
1 Mangofrucht
1 TL Honig
Mark einer 1/2 Vanilleschote

Außerdem:

8 Scheiben Vollkornknäckebrot

So wird's gemacht:

1. Die Getreideflocken zusammen mit den Rosinen in der Dickmilch etwa 1/4 Stunde einweichen. Den Apfel waschen, eventuell schälen und grob reiben.
2. Die Mangofrucht schälen, vom Kern befreien und in kleine Stücke schneiden. Alle Zutaten miteinander vermischen und das Müsli mit dem Honig und dem Vanillemark abschmecken.
3. Das Müsli in Schälchen füllen und zusammen mit dem Knäckebrot servieren.

PfundsKur-Tip

Für das Müsli sollte eine reife Mangofrucht verwendet werden, da nur in ihr das süße, pikante Aroma voll entwickelt ist. Reife Früchte geben auf einen leichten Daumendruck nach.

Hans Könneke

Joghurt-Früchte-Müsli

Fettaugen: 2

Zubereitungszeit: ca. 1/4 Stunde

Sie benötigen für 4 Portionen:

2 Äpfel
2 Bananen
Saft und abgeriebene Schale von 2 unbehandelten Limetten oder Zitronen
8 EL Haferflocken
2 EL gehackte Walnüsse (ca. 20 g)
500 g Joghurt (1,5% Fett)

Außerdem:

4 Scheiben Pumpernickel

So wird's gemacht:

1. Die Äpfel waschen, schälen, halbieren und von den Kerngehäusen befreien. Die Apfelhälften nicht zu fein reiben.
2. Die Bananen schälen, mit einer Gabel fein zerdrücken und mit den Äpfeln sowie dem Zitrussaft vermengen.
3. Die Apfel-Bananen-Masse und alle übrigen Zutaten unter den Joghurt rühren. Das Müsli in Schüsselchen geben und mit dem herzhaften Pumpernickel servieren.

Manchmal merkt man erst, wenn ein Gegenstand auf den Boden fällt, daß man dringend Bewegung braucht.
Volksmund

Volker Schairer

Früchtesuppe

Fettaugen: 1

Zubereitungszeit: ca. 25 Minuten

Sie benötigen für 4 Portionen:

8 Orangen
3 Bananen
2 EL Honig
1 kleine Mangofrucht
½ frische Ananas
2 Kiwi
6 Erdbeeren
1 kleines Bund Zitronenmelisse
125 g Joghurt (1,5% Fett)

Außerdem:

8 Vollkornzwieback

So wird's gemacht:

1. Die Orangen halbieren und auspressen. Eine der Bananen schälen. Orangensaft, Banane und Honig mit einem Pürierstab oder in einem Mixer fein pürieren.

2. Die übrigen Früchte nach Notwendigkeit waschen, eventuell schälen und in mundgerechte Stücke schneiden. Die Fruchtstücke in tiefe Teller legen und mit dem pürierten Saft übergießen.

3. Die Zitronenmelisse waschen, trockentupfen und fein hacken. Je 1 bis 2 Eßlöffel Joghurt auf die Früchtesuppe geben, die Melisse darüberstreuen und die Früchtesuppe zusammen mit dem Zwieback servieren.

PfundsKur-Tip

Je nach Saison können für die Suppeneinlage auch andere Fruchtsorten genommen werden.

Jörg Ebermann

Gratiniertes Maisgrieß-Flädle mit Früchten

Fettaugen: 5

Zubereitungszeit: ca. 3/4 Stunden
Quellzeit: ca. 10 Minuten

Sie benötigen für 4 Portionen:

Für die Flädle:

- 75 g Maisgrieß
- 75 g Weizenmehl
- 120 ml Milch (1,5% Fett)
- 2 kleine Eier
- 1 Prise Zucker
- 1 Prise Salz
- abgeriebene Schale von
- 1 unbehandelten Orange
- 1 EL Weizenkeimöl

Für die Früchte:

- 2 Äpfel
- 2 Birnen
- 2 EL Weintrauben
- 6 Pflaumen
- 1 TL Puderzucker
- etwas Zitronensaft
- 4 Backpflaumen
- 1 EL gehackte Pistazien (ca. 10 g)
- 1 EL gehackte Walnüsse (ca. 10 g)

Für die Apfelschaumsauce:

- 2 Eigelb
- 1 EL Zucker
- 100 ml Apfelsaft

So wird's gemacht:

1. Den Backofen auf 220°C vorheizen. Aus Maisgrieß, Mehl, Milch, Eiern, Zucker, Salz und Orangenschale einen Teig herstellen. Diesen etwa 10 Minuten quellen lassen.

2. Die Früchte waschen, von Kernen und Kerngehäusen befreien und in feine Scheiben schneiden. Diese mit Puderzucker und Zitronensaft vermengen und marinieren. Die Backpflaumen in kleine Würfel schneiden und mit Pistazien und Walnüssen zu den Früchten geben.

3. Den Teig in dem Keimöl zu dünnen Flädle backen und diese warm stellen.

4. Die Eigelbe in einen Schlagkessel geben und im Wasserbad zusammen mit dem Zucker schaumig schlagen. Den Apfelsaft unter Schlagen langsam dazugießen.

5. Die Flädle auf Teller legen, mit dem Fruchtsalat füllen, zusammenklappen und mit der Apfelschaumsauce übergießen. Das Ganze im Ofen 1 bis 2 Minuten mit Oberhitze gratinieren.

„Ein Mensch verbraucht monatlich mehr Nahrung, als sein Körper an Gewicht beträgt, und ist durch Speise, Trank und Luft wenigstens vierzehnmal im Jahr ein neuer Mensch, während es oft eines ganzen Lebens bedarf, moralisch zu werden."
Karl Julius Weber

Berthold Sauter

Knuspriger Apfel-Nuß-Salat

Fettaugen: 4

Zubereitungszeit: ca. 20 Minuten

Sie benötigen für 4 Portionen:
1 dicke Scheibe mageren Rinderschinken (100 g)
3 Äpfel
2 Bananen
3 kleine Stangen Bleichsellerie
2 Frühlingszwiebeln oder
½ kleine Stange Lauch
1 EL Zitronensaft
2 EL Essig
2 EL Pflanzenöl
Salz
Pfeffer
½ Bund Petersilie
½ Bund Schnittlauch
2 EL gehackte Haselnußkerne (ca. 20 g)

Außerdem:
4 Vollkornstangen

So wird's gemacht:

1. Den Rinderschinken kleinwürfeln. Die Äpfel gründlich waschen, halbieren und das Kerngehäuse entfernen. Die Apfelhälften in dünne Spalten schneiden.

2. Die Bananen schälen und in Scheiben schneiden. Das Gemüse putzen und waschen. Die Selleriestangen von den Fäden befreien und in kleine Stücke schneiden. Die Frühlingszwiebeln oder den Lauch in feine Ringe schneiden.

3. Alles in eine Schüssel geben und mit dem Zitronensaft vermengen. Den Essig mit dem Öl verrühren, mit Salz und Pfeffer abschmecken und die Sauce über den Salat geben.

4. Petersilie und Schnittlauch waschen, trockentupfen und fein hakken. Den Salat in Schälchen geben und vor dem Servieren mit den Kräutern und den Haselnüssen bestreuen. Die Vollkornstangen zum Salat reichen.

Hans-Peter Kotheder

Karotten-Apfel-Bananen-Rohkost

Fettaugen: 2

Zubereitungszeit: ca. 25 Minuten

Sie benötigen für 4 Portionen:
4 Karotten
4 Äpfel
4 Bananen
4 EL Joghurt (1,5% Fett)
3 EL gemahlene Nüsse (ca. 30 g)
Saft von 2 Zitronen
1 Prise Salz
2 – 3 EL Honig

Außerdem:
4 Vollkornbrötchen

So wird's gemacht:

1. Die Karotten unter fließendem Wasser kräftig abbürsten. Die Äpfel waschen, eventuell schälen, vierteln und die Kerngehäuse herausschneiden.

2. Karotten und Äpfel fein raspeln, die Bananen schälen, in kleine Würfel schneiden und alles mischen. Den Joghurt und die Nüsse darunterheben.

3. Die Rohkost mit Zitronensaft, Salz und Honig abschmecken. Die Karotten-Apfel-Bananen-Rohkost auf vier Teller verteilen und mit den Vollkornbrötchen servieren.

„Anfang und Wurzel alles Guten ist die Freude des Magens."
Epikur

Friedrich Zemanek

Gemüsecarpaccio auf Tomatenfond

Fettaugen: 1

Zubereitungszeit: ca. 25 Minuten

Sie benötigen für 4 Portionen:
1 TL Speisestärke
200 ml Tomatensaft (Fertigprodukt)
Salz, frisch gemahlener Pfeffer
etwas Zitronensaft
1 jungen kleinen Kohlrabi mit Blättern
1 mittelgroßen Zucchino
2 Tomaten
4 Radieschen
1 Päckchen frische Alfalfa- oder Radieschensprossen (ca. 100 g)
1 EL Olivenöl, 1 EL Rotweinessig

Außerdem:
4 Vollkornbrötchen

So wird's gemacht:

1. Die Stärke in etwas kaltem Wasser anrühren. Den Tomatensaft aufkochen und mit der gelösten Stärke abbinden. Das Ganze mit Salz, Pfeffer und Zitronensaft abschmecken.

2. Den Kohlrabi schälen, dabei die zarten Blätter zurückbehalten und kleinschneiden. Das übrige Gemüse putzen und waschen. Kohlrabi, Zucchino und Tomaten in hauchdünne Scheiben schneiden. Die Sprossen waschen.

3. Die Radieschen in feine Stiftchen schneiden, mit den Kohlrabiblättern und den Sprossen mischen. Das Ganze mit dem Öl und dem Essig übergießen.

4. Den Tomatenfond auf Teller verteilen. Abwechselnd die Zucchini-, Tomaten- und Kohlrabischeiben kreisförmig darauf anrichten. Den Radieschen-Sprossen-Salat jeweils in die Mitte geben. Das Gemüsecarpaccio zusammen mit den Vollkornbrötchen servieren.

Jürgen Seitz

Blütenpollenquark auf Sonnenblumenbrötchen

Fettaugen: 1

Zubereitungszeit: ca. 5 Minuten

Sie benötigen für 4 Portionen:

400 g Magerquark
¼ l Milch (3,5% Fett)
80 g Blütenpollen (Reformhaus)
Saft von ½ Zitrone
4 Sonnenblumenbrötchen

So wird's gemacht:

1. Den Quark in eine Schüssel geben und mit der Milch zu einer glatten Creme verrühren. Die Blütenpollen darunterziehen und das Ganze nach Belieben mit dem Zitronensaft abschmecken.

2. Die Sonnenblumenbrötchen aufschneiden und mit dem Blütenpollenquark bestreichen.

PfundsKur-Tip

Besonders gut schmeckt der Brotaufstrich auf einem frischen, noch lauwarmen Brötchen. Blütenpollen können auch in Joghurt, in Müsli oder in kalten Getränken gegessen beziehungsweise getrunken werden.

Roland Blessing

Avocadomus auf Knäckebrot

Fettaugen: 5

Zubereitungszeit: ca. 10 Minuten

Sie benötigen für 4 Portionen:

2 kleine reife Avocados
½ kleine Zwiebel
etwas Zitronensaft
100 g Magerquark
Salz
frisch gemahlenen Pfeffer
4 EL Kresse
8 Scheiben Knäckebrot

So wird's gemacht:

1. Die Avocados bis zum Kern einschneiden und durch gegengleiche Drehbewegungen in zwei Hälften teilen. Den Kern entfernen und die Schale abziehen. Das Fruchtfleisch mit einer Gabel fein zerdrücken.

2. Die Zwiebel schälen und fein würfeln. Das Avocadomus mit dem Zitronensaft, den Zwiebelwürfeln und dem Quark vermengen. Alles mit Salz und Pfeffer würzen.

3. Die Kresse auf die Knäckebrotscheiben verteilen und das Avocadomus darauf streichen.

Lothar Frey

Vollkornschnitte mit Gemüse-Schnittlauch-Quark

Fettaugen: 1

Zubereitungszeit: ca. 20 Minuten

Sie benötigen für 4 Portionen:

1 rote Paprikaschote
1 grüne Paprikaschote
1 kleine Salatgurke (ca. 150 g)
Salz
frisch gemahlenen Pfeffer
1 kleines Bund Schnittlauch
500 g Magerquark
8 dünne Scheiben Vollkornbrot

So wird's gemacht:

1. Die Paprikaschoten halbieren, Stielansatz und Kerngehäuse entfernen, die Schoten waschen und in feine Würfel schneiden.
2. Die Salatgurke waschen, schälen, halbieren, die Kerne mit einem Löffel herauskratzen und die Gurke in feine Streifen schneiden. Das Ganze leicht würzen.
3. Den Schnittlauch waschen und fein hacken. Den Quark mit wenig Wasser und den Schnittlauchröllchen glattrühren, das Gemüse darunterheben und die Masse auf die Brotscheiben streichen.

Rudi Pfitzer

Tomatensaft mit Kräutern

Fettaugen: 0

Zubereitungszeit: ca. 10 Minuten

Sie benötigen für 4 Portionen:

1 l Tomatensaft (Fertigprodukt)
1 TL Zitronensaft
frisch gemahlenen Pfeffer
2 Stengel Petersilie
2 Stengel Basilikum
2 Stengel Kerbel
1 Stengel Dill

Außerdem:

12 kleine, runde schwedische Zwiebackbrote (Schwedenbrötli)
12 EL körnigen Frischkäse (20% Fett i. Tr.)

So wird's gemacht:

1. Den Tomatensaft mit dem Zitronensaft mischen und mit Pfeffer abschmecken.
2. Die Kräuter waschen, gut trockentupfen, mit einem scharfen Messer fein schneiden und in den Tomatensaft rühren. Den Saft in Gläser geben.
3. Die Zwiebackbrote mit dem Frischkäse bestreichen und zu dem Tomatensaft reichen.

PfundsKur-Tip

Werden frische Kräuter mit einem scharfen Messer geschnitten und nicht gehackt, läuft der Kräutersaft nicht so aus und das Kräuteraroma bleibt besser erhalten.

Rainer Klöpfer

Vollkorntoast mit Hähnchenbrust und Chicorée

Fettaugen: 2

Zubereitungszeit: ca. 25 Minuten

Sie benötigen für 4 Portionen:

1 Chicorée
etwas Zitronensaft
4 Scheiben Vollkorntoast
250 g Speisequark (20% Fett)
Salz
frisch gemahlenen Pfeffer
2 Orangen
1 Grapefruit mit rosafarbenem Fruchtfleisch
2 geräucherte Hähnchenbrüste à 120 g
1 Karotte

So wird's gemacht:

1. Den Chicorée putzen, vom Strunk befreien und für etwa 10 Minuten in lauwarmes Wasser legen. Zuvor den Zitronensaft ins Wasser geben. Die Toastscheiben leicht toasten und mit dem Quark bestreichen, mit Salz und Pfeffer bestreuen.

2. Während der Chicorée im Wasser liegt, die Orangen und die Grapefruit filetieren. Dazu die Schale der Früchte so abschneiden, daß auch die weiße Haut entfernt wird. Dann mit einem Filetiermesser an den Zwischenhäuten herunterschneiden und die Fruchtfilets herauslösen (siehe Seite 12).

3. Den Chicorée gut abtropfen lassen, in einzelne Blätter zerpflücken und diese auf die Toastscheiben legen. Die Zitrusfilets auf dem Chicorée anrichten.

4. Die Hähnchenbrüste in feine Scheiben schneiden und diese auf die Zitrusscheiben legen. Die Karotte schälen und sehr fein raspeln und darübergeben.

PfundsKur-Tip

Werden die beim Filetieren der Zitrusfrüchte anfallenden Fruchtreste mit der Hand ausgepreßt, so ergibt der dabei aufgefangene Saft zusammen mit etwas Mineralwasser ein erfrischendes Getränk.

Matthias Häußer

Graved Lachs mit Rührei auf Toast

Fettaugen: 6

Zubereitungszeit: ca. 1/4 Stunde

Sie benötigen für 4 Portionen:

1 kleines Bund Kerbel
oder 2 EL Kresse
4 kleine Blätter Kopfsalat
3 kleine Eier
4 Scheiben Toastbrot
200 g Graved Lachs in Scheiben
Saft von 1 Zitrone

Außerdem:

4 Zitronenscheibenviertel
1 Zweig Dill zum Garnieren

So wird's gemacht:

1. Die Kräuter und den Salat waschen und trockentupfen. Kerbel oder Kresse fein hacken, mit den Eiern verquirlen und das Rührei in einer beschichteten Pfanne ohne Öl stocken lassen. Inzwischen das Brot toasten.

2. Das Rührei auf den Toastscheiben anrichten. Den Kopfsalat und die Lachsscheiben darauf legen und mit Dill garnieren. Das Ganze mit etwas Zitronensaft beträufeln und servieren.

Jedes Land hat seine Sitten, jeder Bauch sein Maß.
Volksmund

Hartmut Clement

Gefülltes Sesambrötchen

Fettaugen: 3

Zubereitungszeit: ca. 1/2 Stunde

Sie benötigen für 4 Portionen:
2 Fleischtomaten
1 kleine Salatgurke (ca. 350 g)
100 g Steinchampignons
1 Schalotte
1 Bund Blattpetersilie
1 EL Sonnenblumenöl
Salz
frisch gemahlenen Pfeffer
4 Sesambrötchen
100 g Weichkäse in Scheiben (Brie oder Camembert mit 30% Fett i. Tr.) oder 4 Scheiben Schmelzkäse (30% Fett i. Tr.)

Außerdem:
1 Bund Radieschen zum Garnieren

So wird's gemacht:

1. Den Backofen auf 220°C vorheizen. Die Tomaten überbrühen, enthäuten, vierteln, von den Stielansätzen befreien, entkernen und würfeln. Die Salatgurke waschen, schälen, in Scheiben schneiden.

2. Die Champignons putzen, waschen und blättrig schneiden. Die Schalotte schälen und fein würfeln. Die Petersilie waschen, trockentupfen und die Blättchen abzupfen.

3. Die Schalottenwürfel im Öl anschwitzen, Tomaten, Champignons sowie Petersilie dazugeben und alles würzen. Die Brötchen halbieren und die Gurkenscheiben darauf verteilen.

4. Die Gemüsemasse auf die unteren Brötchenhälften geben und die Käsescheiben darauf verteilen. Alles kurz bei Oberhitze überbacken.

5. Inzwischen die Radieschen putzen und waschen. Die überbackenen Brötchen zusammensetzen, auf Teller legen und mit den Radieschen garnieren.

Zwischen-mahlzeiten

An nichts gewöhnt man sich im Land der Schwaben als Reingeschmeckter (Zugereister) schneller, als an die Vesper, sprich „Veschper". Um der weiten Verbreitung dieses Buches nicht hinderlich zu sein, sprechen wir auch von Zwischenmahlzeit.
Großzügig terminiert kann man zwischen neun und elf Uhr vespern – und zwischen drei und fünf nochmal. Mit einer ausgiebigen späten Vesper könnte man sogar das Abendessen „verdrängen". Aber dann wäre ja unser letztes Kapitel überflüssig gewesen.
Hierzulande vespert jeder: der Bauarbeiter und der Rentner, der Rundfunksprecher wie der Regierungsrat. Oft genug kaue ich noch im Geiste beim Elf-Uhr-Wunschkonzert auf meiner Butterbrezel herum. Genüßlich, versteht sich. Denn laut Thaddäus Troll ist die Laugenbrezel eine der köstlichsten Schöpfungen schwäbischer Backkunst. In Urach soll sie erfunden worden sein, von einem Bäcker, der sein Leben verwirkt hatte, aber der Gnade seines Herrn teilhaftig wurde, „so er einen Kuchen backen könne, durch den die Sonne dreimal durchscheinet". Nach dreitägigem Tüfteln brachte der gute Mann dann die lebensrettende Brezel zustande. Ihm sei heute noch herzlich Dank dafür.

Nun ahne ich Ihren Einwand: Wie verträgt sich eine Zwischenmahlzeit mit der Pfunds-Kur? Aber immer, meine Lieben! Es müssen ja nicht sechs verschiedene Wurstsorten und ein Krug Most sein – oder gar ein halber warmer Zwiebelkuchen hinterdrein. Ein „Magentupferle" tut's auch – und nicht schlecht. Eben soviel, daß Sie dem Guten signalisieren: „Du bist nicht außer Dienst gestellt, Du wirst nur ein Weilchen geschont; ond veschp'ra dus i, daß Du's schaffa net v'rlernschd."

Gernot Belke

Kartoffelzopf mit Majoran

Fettaugen: 1

Zubereitungszeit: ca. 1 Stunde

Sie benötigen für 4 Portionen:
500 g Kartoffeln
Jodsalz
Kümmel
geriebene Muskatnuß
1 TL süße Sahne
1 EL gerebelten Majoran
1 Eiweiß
1 EL Leinsamen

Außerdem:
1 TL Butter für das Backblech

So wird's gemacht:

1. Die Kartoffeln waschen, gut abbürsten und in reichlich Salzwasser mit etwas Kümmel in etwa 1/2 Stunde als Pellkartoffeln garen, dann abgießen.

2. Den Backofen auf 180°C vorheizen. Die Kartoffeln pellen und noch heiß durch eine Kartoffelpresse drücken. Die Masse mit Salz, Muskatnuß sowie der Sahne und dem Majoran verrühren.

3. Die Kartoffelmasse in einen Spritzbeutel mit großer Sterntülle geben und in Form eines großen Zopfes auf ein gefettetes Backblech spritzen.

4. Den Kartoffelzopf mit dem verquirlten Eiweiß bestreichen und im Ofen etwa 5 Minuten backen. Zum Schluß den Leinsamen darauf streuen.

5. Den fertigen Zopf aus dem Ofen nehmen und kurz ruhen lassen. Dann in Portionsstücke aufschneiden, auf Teller geben und servieren.

Otto Assenheimer

Kartoffelhörnle

Fettaugen: 2

Zubereitungszeit: ca. 1 Stunde
Zeit zum Auskühlen: ca. 2 Stunden

Sie benötigen für 4 Portionen:

160 g Kartoffeln
Salz
150 g Weizenmehl
½ Ei
2 EL Butter
6 EL Marmelade nach Wahl
2 EL Zucker

So wird's gemacht:

1. Die Kartoffeln waschen, abbürsten, in reichlich Salzwasser als Pellkartoffeln garen, abgießen, pellen und völlig auskühlen lassen.

2. Den Backofen auf 170°C vorheizen. Die Kartoffeln fein reiben und mit dem Mehl, dem Ei und 1 Messerspitze Salz zu einem Teig vermengen. Diesen etwa ½ cm dick auswellen, runde Böden ausstechen, diese zu Ovalen auswellen.

3. Die Butter zerlassen und die Teigstücke damit bestreichen. Die Marmelade auf die Teigstücke verteilen. Die Ovale zu Hörnchen zusammenrollen, diese mit der Oberseite in Zucker wälzen und im Ofen etwa ¼ Stunde backen.

4. Die Kartoffelhörnle auf vier Teller geben und warm servieren.

PfundsKur-Tip

Die Kartoffeln sollten bereits morgens oder mittags gekocht werden, damit sie zum Zeitpunkt der Teigzubereitung genügend ausgekühlt sind.

Ausgezeichnete Kartoffeln, dampfend heiß, mit einem liebevoll zubereiteten, köstlich kühlen Quark, würden allein schon genügen, um jedes einfache Mahl in ein Schlemmeressen zu verwandeln.

Otto Harter

Sesam-Kräuter-Küchle

Fettaugen: 4

Zubereitungszeit: ca. 50 Minuten

Sie benötigen für 4 Portionen:

250 g Kartoffeln
Salz
1 kleines Bund frische Kräuter (Thymian, Rosmarin, Petersilie, Basilikum, Kerbel)
1 Ei
1 geh. EL Magerquark (ca. 25 g)
3 EL geriebenen Parmesan (32% Fett i. Tr.)
60 g Weizenvollkornmehl
frisch gemahlenen Pfeffer
geriebene Muskatnuß
4 EL Sesam (ca. 40 g)
1 EL Öl

So wird's gemacht:

1. Die Kartoffeln waschen, sorgfältig abbürsten, in reichlich Salzwasser als Pellkartoffeln garen, abgießen, pellen und die lauwarmen Kartoffeln durch eine Kartoffelpresse drücken.

2. Die Kräuter waschen, trockenschleudern und fein hacken. Ei, Quark, Kräuter, Parmesan und Vollkornmehl zur Kartoffelmasse geben. Alles zu einem glatten Teig verrühren und ihn mit den Gewürzen abschmecken.

3. Aus dem Kartoffelteig vier Küchlein formen, im Sesam wälzen und in einer beschichteten Pfanne im heißen Öl ausbacken. Die Küchlein auf vier Teller geben und servieren.

PfundsKur-Tip

Die doppelte Menge des Küchleteiges ergibt zusammen mit gedämpftem Gemüse oder einem bunten Sommersalat mit einem einfachen Joghurtdressing ein leckeres vegetarisches Hauptgericht mit etwa 8 Fettaugen.

Andreas Fecker

Vollkorn-Quark-Bratlinge

Fettaugen: 3

Zubereitungszeit: ca. 1/2 Stunde
Quellzeit: 2–3 Stunden

Sie benötigen für 4 Portionen:

1 EL Sonnenblumenkerne (ca. 10 g)
1 EL Leinsamen (ca. 10 g)
2 EL Buchweizen (ca. 20 g)
2 EL Grünkern (ca. 20 g)
100 g Magerquark
ca. 8 EL Weizenmehl
2 Eier
Salz
geriebene Muskatnuß
2 EL Öl

So wird's gemacht:

1. Sonnenblumenkerne, Leinsamen, Buchweizen und Grünkern mit reichlich kaltem Wasser aufgießen und alles 2 bis 3 Stunden quellen lassen.

2. Die gequollene Vollkornmischung durch ein Sieb abgießen und in eine Schüssel geben. Quark, Mehl und Eier hinzufügen, mit Salz und Muskatnuß würzen. Das Ganze gut verrühren. Ist der Teig zu klebrig, kann noch Mehl untergearbeitet werden.

3. Mit feuchten Händen aus der Vollkorn-Quark-Masse Bratlinge formen. Das Öl in einer Pfanne erhitzen, die Bratlinge darin braten, auf vier Teller legen und servieren.

PfundsKur-Tip

Die Vollkorn-Quark-Bratlinge eignen sich auch ausgezeichnet als Beilage zu Fleischgerichten und vegetarischen Gerichten. Die jeweiligen Fettaugen müssen dann addiert werden.

Eugen Heubach

Überbackenes Sauerkraut

Fettaugen: 2

Zubereitungszeit: ca. 1/2 Stunde

Sie benötigen für 4 Portionen:

- 1/2 gelbe Paprikaschote
- 1/2 rote Paprikaschote
- 1/2 grüne Paprikaschote
- 2 Schalotten
- 1 EL Sonnenblumenöl
- 400 g frisches rohes Sauerkraut
- Salz
- frisch gemahlenen Pfeffer
- 1 gepreßte Knoblauchzehe
- 2 Eigelb
- 125 g Magerquark
- 1 EL frisch gehackte Kräuter (Petersilie, Schnittlauch, Kerbel)

Außerdem:

- 4 Scheiben frisches Sechs-Kornbrot

So wird's gemacht:

1. Den Backofen auf 200°C vorheizen. Die Paprikaschotenhälften von den Stielansätzen, den Kernen und den Trennhäuten befreien, waschen und fein würfeln. Die Schalotten schälen, fein würfeln und mit den Paprikawürfeln im heißen Öl kurz anbraten.

2. Das Sauerkraut grob hacken, mit etwa 1/2 l heißem Wasser übergießen und die Schalotten-Paprika-Mischung daruntergeben. Das Ganze mit Salz, Pfeffer und Knoblauch würzen. Die Masse in eine feuerfeste Form füllen und warm stellen.

3. Die Eigelbe mit dem Magerquark glattrühren und die frischen Kräuter darunter mischen. Die Quarkmasse auf dem Sauerkraut verteilen und glattstreichen. Das Ganze im Ofen etwa 8 Minuten goldgelb überbacken.

4. Das überbackene Sauerkraut auf vier Teller verteilen und noch warm mit dem Brot servieren.

„Das Sauerkraut ist ein echtes deutsches Essen; die Deutschen haben es erfunden und lieben und pflegen es mit aller Zärtlichkeit, welcher sie fähig sind."
Ludwig Börne

Eugen Heubach

Topinambursalat mit Staudensellerie

Fettaugen: 1

Zubereitungszeit: ca. 40 Minuten

Sie benötigen für 4 Portionen:

250 g Staudensellerie
250 g Joghurt (1,5% Fett)
1 EL Sanddornsaft (mit Honig gesüßt)
2 TL Zitronensaft
1 EL frisch gehackte Kräuter (Thymian, Majoran, Dill)
1 EL frisch geriebenen Meerrettich
450 g Topinambur (Süßkartoffeln)
Salz, frisch gemahlenen Pfeffer
2 EL gehackte Walnußkerne (ca. 20 g)

Außerdem:

4 Scheiben frisches Leinsamenbrot

So wird's gemacht:

1. Den Staudensellerie putzen, waschen, die Fäden abziehen und die Stangen in ganz feine Scheiben schneiden.

2. Joghurt, Sanddornsaft, Zitronensaft, Kräuter und Meerrettich zu einer Sauce gut verrühren.

3. Die Topinamburknollen unter fließendem Wasser sauberbürsten und ganz fein direkt in die Salatsauce raspeln. Das Ganze sofort gut mischen, damit die Topinamburraspeln ihre Farbe nicht verändern. Die Selleriescheiben daruntermischen.

4. Den Salat mit Salz und Pfeffer abschmecken, auf vier Tellern anrichten, mit den Nüssen garnieren und zusammen mit dem Brot servieren.

Walter Hofmann

Chicorée mit Karottenstreifen und Putenwurst

Fettaugen: 1

Zubereitungszeit: ca. 25 Minuten

Sie benötigen für 4 Portionen:
2 Chicorée
Saft von 1 Zitrone
50 g Feldsalat
125 g Joghurt (1,5% Fett)
Saft von 1 Orange
1 EL Zucker oder Honig
4 mittelgroße Karotten
200 g Putenwurst oder -schinken

Außerdem:
8 Scheiben Vollkorntoast

So wird's gemacht:

1. Den Chicorée putzen, vom Strunk befreien und etwa 10 Minuten in reichlich lauwarmem Wasser mit etwas Zitronensaft stehenlassen, damit die Bitterstoffe entzogen werden. Den Feldsalat putzen, waschen und trockenschleudern.

2. Aus dem Joghurt, dem restlichen Zitronensaft und dem Orangensaft ein Dressing herstellen. Dieses nach Geschmack mit dem Zucker oder dem Honig süßen. Die Karotten waschen, schälen und in feine Streifen schneiden.

3. Chicoréeblätter, Karottenstreifen und Putenaufschnitt gefällig auf vier Tellern oder einer Platte anrichten und mit dem Feldsalat garnieren. Das Brot toasten. Dressing und Toastbrot extra reichen.

August Kottmann

Apfel-Radieschensprossen-Quark auf Roggenknäckebrot

Fettaugen: 0

Zubereitungszeit: ca. 20 Minuten
Ruhezeit: ca. 1 Stunde

Sie benötigen für 4 Portionen:

4 Äpfel
100 g Radieschensprossen
400 g Magerquark
3 EL Apfelsaft
8 Scheiben Roggenknäckebrot

So wird's gemacht:

1. Die Äpfel waschen, vierteln, vom Kerngehäuse befreien und zunächst in Scheiben, dann in kleine Würfel schneiden. Die Radieschensprossen waschen, abtropfen lassen und etwas kleinhacken.

2. Den Quark in eine Schüssel geben und mit dem Apfelsaft cremig rühren. Die Apfelwürfel und die Radieschensprossen dazugeben, alles vermengen und den Quark etwa 1 Stunde ruhen lassen, damit sich das Aroma entfaltet.

3. Die Quarkmischung auf die Knäckebrotscheiben streichen und das Ganze servieren.

PfundsKur-Tip

Ein angemachter Quark auf Brot ist eine ideale Zwischenmahlzeit. Je nach Jahreszeit lassen sich frisches Obst, junges Gemüse, Keime und Sprossen sowie Kräuter unter den Quark mischen.

Rudi Gaiser

Kräuter-Quark-Sandwich

Fettaugen: 3

Zubereitungszeit: ca. 1/4 Stunde

Sie benötigen für 4 Portionen:

4 Eier
4 Vollkornbrötchen
4 Eiertomaten
200 g Magerquark
2 EL frisch gehackte Kräuter (Petersilie, Oregano, Basilikum)
frisch gemahlenen Pfeffer
Salz
8 Blätter Salat nach Wahl

So wird's gemacht:

1. Die Eier hart kochen. Die Brötchen aufschneiden. Die Tomaten anritzen, kurz in kochendes Wasser tauchen, kalt abschrecken, enthäuten, halbieren, entkernen und fein würfeln.

2. Die Eier schälen und fein hakken. Den Quark mit den Kräutern verrühren, Tomaten- und Eiwürfel daruntermischen. Das Ganze mit Pfeffer und Salz abschmecken. Die Salatblätter waschen, trockentupfen und auf die Brötchenhälften legen.

3. Die Kräuter-Quark-Mischung jeweils auf die untere Hälfte der Brötchen verteilen. Die Brötchen zusammensetzen, auf vier Teller geben und servieren.

„Stürzt euch nie nach einem Fasttag auf die Speisen! Das ist ungesund!" ermahnte ein Pfarrer seine Familie. „Wartet zehn Minuten!"
Volksmund

Volker Sammet

Reissoufflé mit Fruchtragout

Fettaugen: 4

Zubereitungszeit: ca. 1 1/4 Stunden

Sie benötigen für 4 Portionen:

Für das Soufflé:

350 ml Milch (1,5% Fett)
1 Zimtstange
1/2 Vanilleschote
1 EL abgeriebene Schale von 1 unbehandelten Zitrone
1 EL abgeriebene Schale von 1 unbehandelten Orange
1 Prise Salz
3 EL Ahornsirup
80 g Rundkornreis (Milchreis)
3 Eigelb
3 Eiweiß

Für das Ragout:

ca. 200 g gemischte Früchte der Saison (Bananen, Äpfel, Beeren)
1 EL Ahornsirup
100 ml Fruchtsaft nach Wahl

Außerdem:

1 1/2 EL Butter und Semmelbrösel für die Förmchen
Minze- oder Melissenblättchen zum Garnieren

So wird's gemacht:

1. Die Milch mit Zimt, Vanille, Zitrusschalen, Salz und 2 Eßlöffeln des Sirups zum Kochen bringen. Den Reis hineinstreuen, einrühren und alles bei schwacher Hitze im offenen Topf etwa 35 Minuten köcheln lassen, dabei immer wieder umrühren. Den Ofen auf 220°C vorheizen. Zimtstange und Vanilleschote aus dem Reis entfernen und diesen erkalten lassen.

2. Die Eigelbe mit dem restlichen Sirup schaumig rühren. Die Eiweiße zu steifem Schnee schlagen. Zuerst die Eigelb-Sirup-Masse unter den Reis rühren, dann den Eischnee nach und nach vorsichtig darunterheben.

3. Entweder vier größere oder acht kleinere feuerfeste Förmchen ausfetten und mit den Bröseln ausstreuen. Sie dann zu zwei Drittel mit der Masse füllen. Die Förmchen in ein Wasserbad stellen und die Soufflés im Ofen etwa 25 Minuten aufgehen lassen. Die Reissoufflés aus dem Ofen nehmen und kurz ruhen lassen.

4. Während die Soufflés im Ofen sind, die Früchte eventuell waschen, putzen oder schälen und kleinschneiden. Den Sirup in einem Topf erwärmen, den Fruchtsaft dazugeben und alles auf etwa ein Drittel einkochen lassen. Die Früchte dazugeben und kurz garen. Sie sollten noch Biß haben.

5. Das Ragout auf vier Tellern anrichten, die Soufflés stürzen und darauf geben, das Ganze mit den Minze- oder den Melisseblättern garnieren und servieren.

Hans Käfer

Gratinierte Birnen und Brombeeren

Fettaugen: 2

Zubereitungszeit: ca. 35 Minuten

Sie benötigen für 4 Portionen:

3 reife Birnen
3 EL Limettensaft
100 g frische Brombeeren
1 EL Puderzucker
1/2 Vanilleschote
1 kleines Stück Ingwer
2 Eigelb, 2 EL Honig
1 Eiweiß, Salz
1 EL Pistazienkerne (ca. 10 g)

So wird's gemacht:

1. Die Birnen waschen, schälen, vierteln und die Kerngehäuse entfernen. Die Birnenviertel in Fächer schneiden, diese mit 2 Eßlöffeln Limettensaft beträufeln und in vier feuerfeste flache Portionsförmchen verteilen. Den Backofen auf 220°C vorheizen.

2. Die Brombeeren verlesen, waschen und gut abtropfen lassen. Sie dann leicht in dem Puderzucker wenden. Die Vanilleschote längs aufschlitzen und das Mark herauskratzen. Den Ingwer schälen und fein reiben. Beides mit den Eigelben und dem Honig verrühren. Das Ganze gut aufschlagen.

3. Die Brombeeren in die Förmchen verteilen. Das Eiweiß mit dem restlichen Limettensaft und etwas Salz zu steifem Schnee schlagen.

4. Den Eischnee mit einem Kochlöffel vorsichtig unter die Eigelbmasse heben, den Schaum auf die Brombeeren geben und das Ganze auf der obersten Einschubleiste etwa 5 Minuten im Ofen gratinieren. Die Gratins mit den Pistazien garnieren und servieren.

PfundsKur-Tip

Anstelle der frischen Brombeeren kann auch Tiefkühlware verwendet werden.

Iß nicht so viel, wie du kannst, gib nicht so viel, wie du hast, sag nicht so viel, wie du weißt.
Volksmund

Frank Rönz

Beffendorfer Beerenflädle

Fettaugen: 3

Zubereitungszeit: ca. 1/2 Stunde

Sie benötigen für 4 Portionen:

Für die Beeren:

400 g gemischte Beeren der Saison (Himbeeren, Johannisbeeren, Stachelbeeren oder Erdbeeren)
2 EL Stärkemehl
125 ml Orangensaft
4 EL Zucker

Für die Flädle:

200 g Weizenmehl, 1 EL Zucker
250 ml Milch (1,5% Fett), 2 Eier

Außerdem:

2 EL gemahlene Haselnüsse (ca. 20 g)

So wird's gemacht:

1. Die Beeren verlesen, waschen und eventuell von Stiel- und Blütenansätzen befreien. Die Stärke mit etwas kaltem Wasser anrühren.
2. Orangensaft, Zucker und ein Viertel der Beeren in einen Topf geben, zum Kochen bringen und mit der Stärke binden. Die restlichen Beeren dazugeben und vorsichtig unterheben. Das Ganze nun nicht mehr aufkochen, sondern beiseite stellen.
3. Mehl, Zucker, Milch und Eier zu einem Teig verrühren und daraus in einer beschichteten Pfanne ohne Fett acht Flädle backen.
4. Die Flädle auf vier Teller legen, mit dem Beerenkompott füllen, die Nüsse darüberstreuen und das Gericht servieren.

PfundsKur-Tip

Wird der Zucker für das Beerenkompott zu einem Teil oder ganz durch Süßstoff ersetzt, spart man Kalorien ein.

Fritz Scholtz

Stracciatellarolle mit Erdbeerjoghurt

Fettaugen: 4

Zubereitungszeit: ca. 3/4 Stunden
Kühlzeit: 2–3 Stunden

Sie benötigen für 8 Portionen:

Für die Biskuitrolle:

- 5 Eier
- 125 g Zucker
- 1 Prise Salz
- 125 g Weizenmehl
- 2 EL Zucker zum Bestreuen

Für die Füllung:

- 4 Blatt rote Gelatine
- 125 g Magerquark
- 125 g pürierte frische Erdbeeren
- 70 g Zucker
- 2 Tropfen Bittermandelöl
- 1 EL Zitronensaft
- 250 g Joghurt (1,5% Fett)
- 70 g geviertelte Erdbeeren
- 30 g fein gehackte Kuvertüre

Außerdem:

- etwas Puderzucker zum Bestreuen der Biskuitrolle

So wird's gemacht:

1. Den Backofen auf 220°C vorheizen. Die Eier zusammen mit dem Zucker mit einem Handrührgerät gut schaumig rühren, Salz dazugeben. So lange weiterrühren, bis die Eimasse Volumen und Stand hat. Das Mehl dazusieben und vorsichtig unterheben.

2. Ein Backblech mit Backpapier auslegen und die Masse darauf streichen. Den Boden im Ofen etwa 10 Minuten backen.

3. Den Biskuitboden auf ein mit dem Zucker bestreutes Tuch stürzen, das Pergamentpapier mit Wasser bestreichen und abziehen. Das Tuch an einer Querseite hochheben und den Biskuitboden zusammenrollen. Dann die Rolle auskühlen lassen.

4. In der Zwischenzeit die Gelatine in kaltem Wasser quellen lassen. Den Quark, die pürierten Erdbeeren, den Zucker und das Bittermandelöl miteinander verrühren. Die Gelatine gut ausdrücken und bei schwacher Hitze in einem kleinen Topf in dem Zitronensaft auflösen.

5. Die aufgelöste Gelatine unter die Quarkmasse rühren. Wenn die Masse fest zu werden beginnt, den Joghurt darunterziehen.

6. Den Biskuitboden vorsichtig entrollen und die Füllung darauf streichen. Die geviertelten Erdbeeren und die gehackte Kuvertüre auf der Füllung verteilen. Den Biskuitboden wieder zusammenrollen und 2 bis 3 Stunden kalt stellen, anschließend mit dem Puderzucker bestreuen.

Armin Wiedmann

Topfenknödel mit Pflaumenkompott

Fettaugen: 7

Zubereitungszeit: ca. ½ Stunde
Quellzeit: ca. ½ Stunde

Sie benötigen für 4 Portionen:

250 g Weißbrot
60 g weiche Butter
60 g Puderzucker
Saft von ½ Zitrone
abgeriebene Schale von
1 unbehandelten Zitrone
2 Eigelb, 2 Eier
400 g Magerquark

Außerdem:

ca. 200 g Pflaumenkompott
(zuckerreduziertes Fertigprodukt)

So wird's gemacht:

1. Das Weißbrot entrinden und in Würfel schneiden. Butter, Puderzukker, Zitronensaft und -schale mit einem Handrührgerät schaumig schlagen.

2. Die Eigelbe und die Eier verrühren und unter Rühren langsam in die Butter-Puderzucker-Masse einlaufen lassen. Die Weißbrotwürfel darunterheben und das Ganze etwa ½ Stunde quellen lassen.

3. Den Quark kräftig unter die Masse schlagen. Mit einem Eßlöffel Klößchen vom Teig abstechen, in reichlich siedendes, ganz leicht gesalzenes Wasser geben und etwa 20 Minuten ziehen lassen, herausnehmen und mit dem Kompott servieren.

PfundsKur-Tip

Alle Zutaten müssen Zimmertemperatur haben, damit die Masse nicht gerinnt.
Je nach Saison eignet sich auch jedes andere Fruchtkompott. Ebenso paßt ein Püree aus frischen Früchten ausgezeichnet.

Otto Harter

Apfel-Quark-Taschen auf Holundersößle

Fettaugen: 1

Zubereitungszeit: ca. ½ Stunde
Zeit zum Abtropfen: ca. 3 Stunden
Ruhezeit: ca. ½ Stunde

Sie benötigen für 4 Portionen:

Für den Quarkteig:

250 g Magerquark
120 g zerkrümeltes Weißbrot
2 Eigelb
1 ½ EL Speisestärke
Saft von ½ Zitrone
abgeriebene Schale von ½ unbehandelten Zitrone
1 EL Zucker
1 Prise Salz

Für das Apfelkompott:

2 mittelgroße Äpfel
1 TL Zitronensaft

Für die Sauce:

150 g Holunderbeeren
50 Zucker
1 TL Speisestärke

Außerdem:

2 EL Zucker
¼ Zimtstange
3 Nelken
2 EL Biskuitbrösel
etwas Zimt
einige Minzblätter

So wird's gemacht:

1. Den Quark in ein Tuch geben und etwa 3 Stunden abtropfen lassen. Ihn dann mit den restlichen Zutaten zu einem Teig vermengen. Den Quarkteig etwa ½ Stunde ruhen lassen.

2. In der Zwischenzeit die Äpfel waschen, schälen, vierteln, von den Kerngehäusen befreien und in Würfel schneiden. Diese mit 2 Eßlöffeln Wasser und dem Zitronensaft weich dünsten. Das Apfelkompott soll nicht zu wäßrig sein.

3. Mit einem feuchten Eßlöffel aus dem Quarkteig acht Knödel formen, auf ein feuchtes Tuch legen und vorsichtig flach drücken. Etwas Apfelkompott auf je eine Hälfte der Quarkfladen geben, diese vorsichtig zusammenklappen und die Ränder andrücken. Die Knödel nun etwa 10 Minuten in leicht gezukkertem, schwach siedendem Wasser zusammen mit der Zimtstange und den Nelken gar ziehen lassen.

4. In der Zwischenzeit die Biskuitbrösel mit etwas Zimt vermischen. Die Holunderbeeren waschen, von den Stengeln zupfen und sie mit 3 bis 4 Eßlöffeln Wasser und dem Zucker aufkochen lassen. Die Masse mit der Speisestärke abbinden, dann durch ein Sieb streichen und auf vier vorgewärmte Teller gießen.

5. Die Apfel-Quark-Taschen aus dem Wasser nehmen, auf die Holundersauce setzen und mit den Biskuitbröseln bestreuen. Das Ganze mit den Minzblättern garnieren und servieren.

PfundsKur-Tip

Zur Weihnachtszeit können anstelle der Biskuitbrösel auch zerriebene Lebkuchen verwendet werden.

Andreas Fecker

Müslistrudel

Fettaugen: 2

Zubereitungszeit: ca. ½ Stunde
Kühlzeit: ca. 2 Stunden
Quellzeit: ca. 1 Stunde

Sie benötigen für 8 Portionen:

Für den Strudelteig:
150 g Weizenmehl, 1 EL Öl
1 Eigelb, Salz

Für die Füllung:
200 g Müslimischung (Fertigprodukt ohne Zucker und ohne Nüsse)
100 ml Milch (1,5% Fett)
50 g Joghurt (1,5% Fett)
3 EL Zucker
1 Apfel, 1 Banane
50 g eingeweichte Rosinen
Saft von 1 Orange

Außerdem:
2½ EL Butter zum Bestreichen des Strudels

So wird's gemacht:

1. Das Mehl in eine Schüssel geben, Öl, Eigelb, etwas Salz und 3 bis 4 Eßlöffel Wasser hinzufügen. Alles zu einem glatten Teig verkneten. Diesen in Frischhaltefolie wickeln und etwa 2 Stunden kühl stellen.

2. Müslimischung, Milch, Joghurt und Zucker in eine Schüssel geben. Den Apfel waschen, schälen, vierteln, entkernen und in Würfel schneiden. Die Banane schälen, in Scheiben schneiden und zusammen mit dem Apfel, den Rosinen und dem Orangensaft zu der Müslimasse geben. Die Mischung etwa 1 Stunde quellen lassen.

3. Den Backofen auf 210°C vorheizen. Den Strudelteig auf einem bemehlten Tuch zunächst ausrollen, dann mit den Händen hauchdünn auf etwa 40 x 30 cm ausziehen. Die Füllmasse auf ein Drittel des Teiges streichen, dabei einen schmalen Rand lassen. Die Teigränder einschlagen und den Strudel der Länge nach zusammenrollen. Dazu das Tuch an der Seite, wo sich die Füllung befindet, leicht anheben.

4. Den Strudel auf ein mit Backpapier ausgelegtes Backblech setzen. Die Butter zerlassen und mit einem Backpinsel auf den Strudel streichen. Den Strudel im Ofen 30 bis 35 Minuten backen, herausnehmen, kurz ruhen lassen, aufschneiden und servieren.

Otto Assenheimer

Zwetschgenstrudel

Fettaugen: 3

Zubereitungszeit: ca. 1/2 Stunde
Ruhezeit: ca. 2 Stunden

Sie benötigen für 8 Portionen:

Für den Strudelteig:

- 100 g Weizenmehl
- 1 TL Öl

Für die Füllung:

- 500 g Zwetschgen
- 40 g gehackte Nüsse
- 50 g Rosinen
- 1 Msp. Zimt
- 2 EL Butter
- 80 g Semmelbrösel

Außerdem:

- 2 EL Butter zum Bestreichen des Strudels
- 1 EL Puderzucker zum Bestäuben des Strudels

So wird's gemacht:

1. Das Mehl mit 3 bis 4 Eßlöffeln lauwarmem Wasser und dem Öl zu einem glatten Teig verkneten. Diesen in Frischhaltefolie einschlagen und etwa 2 Stunden im Kühlschrank ruhen lassen.

2. Den Backofen auf 210°C vorheizen. Die Zwetschgen waschen, entsteinen und mit den Nüssen, den Rosinen sowie dem Zimt mischen. Den Teig zunächst auf einem bemehlten Tuch auswellen, dann mit den Händen hauchdünn ausziehen. Die Butter zerlassen und die Hälfte des Teiges damit bestreichen.

3. Auf die andere Teighälfte die Brösel streuen und die Zwetschgenmischung ebenfalls auf dieser Teighälfte verteilen. Dabei einen schmalen Rand lassen. Die Teigränder einschlagen und den Strudel der Länge nach zusammenrollen. Dazu das Tuch an der Seite, wo sich die Füllung befindet, leicht anheben.

4. Den Strudel auf ein mit Backpapier belegtes Blech setzen. Die Butter zerlassen und den Strudel damit bepinseln. Ihn dann im Ofen 30 bis 35 Minuten backen, herausnehmen, mit dem Puderzucker bestäuben, kurz ruhen lassen, aufschneiden und servieren.

Wer seinen Hunger stillt und sich trotzdem seinen Appetit bewahrt, verdient es wahrlich, daß man ihn einen Lebenskünstler nennt.
Volksmund

Manfred Maucher

Süße Quarksülze mit Apfelmus

Fettaugen: 0

Zubereitungszeit: ca. 1/2 Stunde
Einweichzeit: ca. 1 Stunde
Kühlzeit: über Nacht

Sie benötigen für 4 Portionen:

Für die Sülze:
6 Blatt weiße Gelatine
300 g Magerquark
1/8 l Milch (1,5% Fett)
80 g Zucker
etwas Vanillemark
abgeriebene Schale von
1 unbehandelten Orange
Salz

Für das Apfelmus:
300 g Äpfel
etwas Zucker
etwas Zimt
etwas Vanillemark

So wird's gemacht:

1. Die Gelatine etwa 1 Stunde in kaltem Wasser einweichen. Quark (er sollte Zimmertemperatur haben), Milch, Zucker, Vanillemark, Orangenschale und Salz miteinander verrühren.

2. Die Gelatine gut ausdrücken, in eine Metallschüssel geben, im Wasserbad auflösen und unter die Quarkmischung heben. Die Masse nun in vorgekühlte Tassen oder Portionsförmchen füllen und über Nacht kalt stellen.

3. Am nächsten Tag die Äpfel waschen, schälen, kleinschneiden und in etwa 1/8 Liter Wasser etwa 5 Minuten weich dünsten. Sie anschließend durch ein Sieb streichen. Das Mus mit Zucker, Zimt und Vanillemark abschmecken.

4. Die Quarksülze auf vier kalte Teller stürzen, das Apfelmus dazugeben und die Süßspeise sofort servieren.

PfundsKur-Tip

Statt Apfelmus können je nach Saison auch andere Fruchtkompotte, Früchtepürees oder ganz einfach frische Obstsalate zur Sülze gereicht werden.

Ulrich G. Stengel

Zwetschgensülze mit Hägenmarksauce

Fettaugen: 0

Zubereitungszeit: ca. 25 Minuten
Kühlzeit: mind. 3 Stunden

Sie benötigen für 4 Portionen:

Für die Sülze:

7 Blatt rote Gelatine
500 g Zwetschgen
1 mürben Apfel
120 g Zucker
100 ml Orangensaft
½ Zimtstange
Mark von ½ Vanilleschote

Für die Sauce:

2 EL Hagebuttenmark (Reformhaus)
1 EL Aprikosenmarmelade
100 ml naturtrüben Apfelsaft
etwas Zucker

So wird's gemacht:

1. Die Gelatine in kaltem Wasser einweichen. Die Zwetschgen waschen und entsteinen. Den Apfel waschen, schälen, entkernen und kleinschneiden. Das Obst zusammen mit dem Zucker, dem Orangensaft, der Zimtstange und dem Vanillemark weich kochen. Das Ganze anschließend etwas abkühlen lassen.

2. Die Gelatine gut ausdrücken und unter die Zwetschgenmasse heben. Eine Kastenform (etwa 26 cm lang) mit Klarsichtfolie auslegen, die Masse hineinfüllen und das Ganze mindestens 3 Stunden kalt stellen.

3. Sobald die Sülze fest ist, Hagebuttenmark, Marmelade und Apfelsaft in einem Topf leicht erwärmen. Alles miteinander verrühren und nach Belieben mit Zucker abschmecken.

4. Die Sülze auf eine Platte stürzen und die Folie abziehen. Dann die Zwetschgensülze in Portionen aufschneiden, auf vier Teller setzen, die Hägenmarksauce angießen und das Ganze servieren.

Hägenmark: Marmelade aus den Scheinfrüchten der Heckenrosen.

Berthold Sauter

Geeister Joghurt mit Rhabarberkompott

Fettaugen: 1

Zubereitungszeit: ca. ½ Stunde
Zeit zum Anfrieren: ca. ½ Stunde

Sie benötigen für 4 Portionen:

Für den Joghurt:

2½ Blatt weiße Gelatine
200 g Joghurt (1,5% Fett)
100 g Aprikosenkonfitüre
2 EL Zitronensaft
1 EL Zucker
4 EL Sahnequark (40% Fett)

Für das Kompott:

250 g Rhabarber
75 g Zucker

So wird's gemacht:

1. Die Gelatine in kaltem Wasser einweichen. Joghurt, Aprikosenkonfitüre, Zitronensaft und Zucker verrühren. Die Masse durch ein Sieb streichen. Die Gelatine gut ausdrücken, in eine Suppenkelle geben, diese in ein warmes Wasserbad halten, so daß die Gelatine sich auflöst.

2. Danach 1 bis 2 Eßlöffel der Joghurtmasse unter die flüssige Gelatine rühren. Diese lauwarme Gelatine-Joghurt-Mischung unter die übrige Joghurtmasse ziehen.

3. Sobald die Joghurtmasse fest zu werden beginnt, den Quark darunterziehen. Dann die Joghurt-Quark-Masse in vier vorgekühlte Portionsförmchen füllen. Die Masse etwa ½ Stunde im Tiefkühlfach anfrieren lassen.

4. In der Zwischenzeit den Rhabarber putzen, waschen und die dünne Haut von den Stangen abziehen. Etwa ⅛ Liter Wasser zusammen mit dem Zucker in einem Topf aufkochen lassen. Den Rhabarber zunächst in 5 bis 6 cm lange Stücke, dann längs in dünne Scheiben und diese in feine Streifen schneiden. Die Streifen in das heiße Zuckerwasser geben und das Ganze abkühlen lassen.

5. Die Förmchen 4 bis 5 Sekunden in heißes Wasser tauchen, den angeeisten Joghurt auf vier Teller stürzen, das Rhabarberkompott dazugeben und das Ganze sofort servieren.

PfundsKur-Tip

Einen geeisten Joghurt sollte man nur leicht gefroren servieren.

Friedrich Schmid

Erdbeer-Kefir-Terrine

Fettaugen: 4

Zubereitungszeit: ca. ½ Stunde
Kühlzeit: mind. 4 Stunden

Sie benötigen für 8 Portionen:

- 6–8 Blatt weiße Gelatine
- 400 g frische Erdbeeren
- 2 Eigelb
- 80 g Zucker
- 400 g Kefir (1,5% Fett)
- 200 g süße Sahne
- 40 g eingeweichte Rosinen
- 2 Eiweiß

So wird's gemacht:

1. Die Gelatine in reichlich kaltem Wasser einweichen. Die Erdbeeren waschen, putzen und die Hälfte in kleine Stücke schneiden. Die andere Hälfte im Mixer oder mit einem Pürierstab pürieren.

2. Die Eigelbe mit der Hälfte des Zuckers schaumig rühren. Den Kefir darunterziehen. Die Gelatine gut ausdrücken, in einem kleinen Topf bei geringer Hitzezufuhr auflösen und unter die Ei-Kefir-Masse ziehen. Das Ganze so lange kalt stellen, bis die Masse leicht anzieht.

3. In der Zwischenzeit zunächst die Sahne steif schlagen. Dann den restlichen Zucker zusammen mit den Eiweißen zu steifem Schnee schlagen. Die Erdbeeren, das Erdbeerpüree und die Rosinen unter die Kefirmasse heben.

4. Zum Schluß zunächst den Eischnee, dann die Sahne vorsichtig unter die Masse heben. Eine Terrinenform oder eine Kastenform (etwa 26 cm lang) mit Klarsichtfolie auslegen. Die Kefirmasse in die Form füllen und das Ganze mindestens 4 Stunden kalt stellen.

5. Die Terrine auf eine Platte stürzen, die Folie abziehen, die Terrine portionieren, auf Teller geben und servieren.

PfundsKur-Tip

Anstelle der Erdbeeren kann man auch Aprikosen oder Pfirsiche nehmen.

Volker Krehl

Geeistes Aprikosensüpple mit Zwetschgensorbet

Fettaugen: 0

Zubereitungszeit: ca. 3/4 Stunden
Kühlzeit: ca. 1 Stunde
Zeit zum Gefrieren: ca. 1 Stunde

Sie benötigen für 4 Portionen:

Für die Suppe:

1 unbehandelte Orange
1 unbehandelte Zitrone
500 g frische entsteinte Aprikosen
1 Vanilleschote
1 Stange Zimt
Zucker nach Belieben

Für das Sorbet:

200 g Zucker
300 g reife Zwetschgen
1 Msp. Zimt
1/2 abgewaschene unbehandelte Zitrone

Außerdem:

100 g gemischte Beeren der Saison (Himbeeren, Erdbeeren, Johannisbeeren)

So wird's gemacht:

1. Die Zitrusfrüchte heiß abwaschen und gut abreiben. Die Aprikosen mit etwa 1/4 Liter Wasser, der Vanilleschote, der Orange und der Zitrone, dem Zimt und etwas Zucker in einen Topf geben, aufkochen lassen und etwa 5 Minuten köcheln lassen.

2. Orange, Zitrone, Vanilleschote und Zimtstange entfernen. Anschließend die Aprikosen mit der Flüssigkeit im Mixer oder mit einem Pürierstab pürieren. Die Masse durch ein Sieb streichen und für etwa 1 Stunde ins Tiefkühlfach stellen. Die Suppe soll leicht angeeist sein.

3. Den Zucker für das Sorbet in etwa 1/4 Liter Wasser geben, das Ganze aufkochen und so lange weiterkochen lassen, bis die Flüssigkeit klar ist. Die Zwetschgen waschen, entsteinen, mit den übrigen Zutaten in die Zuckerlösung geben und weich kochen. Die Zitronenhälfte entfernen und die Zwetschgenmasse im Mixer oder mit einem Pürierstab pürieren. Die gesamte Masse durch ein Sieb streichen.

4. Das Ganze in einer Eismaschine oder in einer Schüssel im Tiefkühlfach gefrieren lassen. Bei der zweiten Möglichkeit öfter mit einem Löffel umrühren. Es soll ein geschmeidiges leicht gefrorenes Sorbet entstehen.

5. Die Beeren verlesen, putzen und waschen. Die geeiste Suppe auf vier vorgekühlte Teller verteilen und mit den Beeren garnieren. Jeweils in die Mitte eine Kugel Zwetschgensorbet geben und das Ganze servieren.

PfundsKur-Tip

Zieht man geschlagenes Eiweiß unter die kalte Sorbetmasse, wird das Sorbet besonders geschmeidig. Anstelle der frischen Aprikosen läßt sich auch Dosenware verwenden. Dabei ist auf den Zuckerzusatz zu verzichten. In den Wintermonaten können die Beeren gegen in Würfel geschnittene exotische Früchte ausgetauscht werden.

Friedrich Nagel

Süßer Gerstensalat

Fettaugen: 0

Zubereitungszeit: ca. 3/4 Stunden

Sie benötigen für 4 Portionen:

150 g Gerstenkörner
1 Zimtstange
2 EL Zucker
Saft von 1/2 Zitrone
abgeriebene Schale von
1/2 unbehandelten Zitrone
125 g Joghurt (1,5% Fett)
300 g Früchte der Saison
(Kirschen, Äpfel, Erdbeeren)

Außerdem:

einige rote Kirschen oder
Erdbeeren

So wird's gemacht:

1. Die Gerstenkörner in etwa 1/2 Liter Wasser zusammen mit dem Zimt in etwa 40 Minuten weich kochen. Dabei öfter umrühren. Die gegarten Körner abgießen, abschrecken, die Zimtstange entfernen und das Ganze anschließend abkühlen lassen.
2. Zucker, Zitronensaft und -schale in einer Schüssel verrühren. Den Joghurt darunterheben. Die Früchte waschen, eventuell schälen, entsteinen oder entkernen, kleinschneiden und zur Joghurtmasse geben. Alles gut mischen.
3. Die Gerstenkörner unter die Joghurt-Frucht-Masse geben. Den Salat auf vier Tellern anrichten, mit den Kirschen oder den Erdbeeren garnieren und servieren.

Ehemänner, die sich freiwillig an der PfundsKur ihrer Frau beteiligen, gehen mit ihr wirklich durch dick und dünn.

Mittagessen

Irgendwie mutet der Begriff schon ein bißchen nostalgisch an, finden Sie nicht? Man sagt heute „Lunch" und meint „fast food", die allseits gebräuchlichen Sattmacher. Aber nicht bei uns! Bei der PfundsKur kommt das gute alte Mittagsmahl noch zu seinem Recht. Unsere Rezeptautoren lesen sich ja auch wie ein „WHO'S WHO der feinen Küche." Und die Zutatenlisten sind die reine Versuchung: Wir treffen die schmackhaftesten Fische, wie Äsche, Zander, Hecht, Saibling und Forelle, Lamm- und Kalbfleisch, Poularden- und Hasenkeulchen, Linsen, Pfifferlinge, Steinpilze, Spargel und vieles andere köstliche Gemüse an und natürlich die Maultaschen! Hierzulande nennt man sie gerne liebevoll „Herrgottsb'scheißerle", weil sie der protestantische Schwabe selbst am strengsten Fastentag des Jahres nicht verschmäht, in der stillen Hoffnung, daß der liebe Gott nicht durch die Teighülle hindurchschauen kann.

Auch eines der ältesten Schwabenrezepte gegen den Herzinfarkt sollten Sie beherzigen: „No net hudla!", also bedachtsam essen, gerade zur Mittagszeit, wo das Tagwerk erst zur Hälfte getan ist. Ein weiser Grieche sagte einmal: „Bei der Mahlzeit bewirtest du zwei Gäste: deinen Leib und deine Seele!" Und zur Bewirtung der Seele gehört bestimmt auch ein ansprechendes Ambiente, gehört der hübsch gedeckte Tisch (auch wenn Sie alleine essen – oder gerade dann) und daß die Speisen dem Auge wohlgefällig angerichtet sind. „Treibe bei der Arbeit, aber nicht beim Essen", sagen die Chinesen, und Goethe zieht das Fazit: „Wenn ihr gegessen und getrunken habt, seid ihr wie neugeboren; seid stärker, mutiger, geschickter zu eurem Geschäft!"

Rainer Stephan

Maultaschen mit Ricotta an geschmolzenen Tomaten

Fettaugen: 7

Zubereitungszeit: ca. ¾ Stunden

Sie benötigen für 4 Portionen:

Für die Maultaschen:
125 g Weizenmehl
125 g Vollkornweizenmehl
2 Eier
1 EL Öl
1 Prise Salz
250 g streichfähigen Ricotta (45% i.Tr.)
1 Eigelb
frisch gemahlenen Pfeffer
1 gepreßte Knoblauchzehe
2 EL gemischte gehackte Kräuter (Kerbel, Schnittlauch und Petersilie)
1 Eiweiß

Für die Tomaten:
8 reife Tomaten
1 EL Olivenöl
1 Bund in Streifen geschnittenes Basilikum
Salz
frisch gemahlenen Pfeffer

Außerdem:
einige Basilikumblätter zum Garnieren

So wird's gemacht:

1. Mehl, Eier, Öl, Salz und 4 bis 6 Eßlöffel Wasser zu einem weichen Teig verkneten. Diesen in Klarsichtfolie eingeschlagen etwa ¾ Stunden ruhen lassen.

2. Den Ricotta mit dem Eigelb, Salz, Pfeffer, Knoblauch und den Kräutern verrühren.

3. Den Teig dünn ausrollen und in 5 x 5 cm große Rechtecke aufteilen. Die Käse-Kräuter-Füllung auf je eine Hälfte der Teigrechtecke verteilen, dabei einen Rand lassen. Die Teigränder mit dem Eiweiß bestreichen, die Rechtecke zusammenklappen und ihre Ränder gut zusammendrücken.

4. Die Maultaschen bei geringer Hitze in reichlich siedendem Wasser etwa 10 Minuten garen, dann abgießen.

5. Während die Maultaschen garen, die Tomaten überbrühen, enthäuten, von den Stielansätzen befreien, vierteln, entkernen und in kleine Würfel schneiden. Die Tomatenwürfel in dem Olivenöl in einer Pfanne anschwitzen. Das Basilikum dazugeben und alles mit Salz und Pfeffer würzen.

6. Die geschmolzenen Tomaten auf vier Teller verteilen, die Maultaschen darauf anrichten, das Ganze mit den Basilikumblättchen garnieren und servieren.

Ricotta ist das italienische Wort für Quark. Diese leckeren Maultaschen kann man also auch ohne Gewissensbisse am Karfreitag essen!

Dieter Wägerle

Schneckenmaultaschen auf Sauerkrautchaudeausauce

Fettaugen: 5

Zubereitungszeit: ca. 1 Stunde
Zeit zum Ruhen: ca. 20 Minuten

Sie benötigen für 4 Portionen:

Für den Teig:
200 g Roggenmehl
100 g Weizenmehl
2 Eier
1 Prise Salz

Für die Füllung:

500 g Sauerkraut
1 kleine Zwiebel
2 EL Sonnenblumenöl
5 Pfefferkörner, 1 Lorbeerblatt
1 Nelke, etwas Kümmel
1 geschälte Knoblauchzehe
1 Kartoffel
4 EL Apfelmus
Salz
frisch gemahlenen Pfeffer
2 Tomaten
16 halbierte Schnecken ohne Haus

Für die Sauce:

2 Eigelb
3 TL Apfelsaft
Salz
Pfeffer

Außerdem:

etwas Eiweiß zum Bestreichen des Teiges
4 kleine Kerbelsträußchen

So wird's gemacht:

1. Aus Mehl, Eiern und Salz einen Nudelteig herstellen. Diesen etwa 20 Minuten gut zugedeckt ruhen lassen.

2. Inzwischen das Sauerkraut etwas ausdrücken. Dabei etwa 2 Eßlöffel Sauerkrautsaft auffangen und für die Sauce beiseite stellen. Die Zwiebel schälen und fein schneiden. 1 Eßlöffel Sonnenblumenöl erhitzen, die Zwiebel darin anschwitzen und das Kraut dazugeben.

3. Die Gewürze und die Knoblauchzehe in ein Leinensäckchen verpacken. Etwas Wasser und den Gewürzbeutel zum Kraut geben und alles etwa ¼ Stunde köcheln lassen.

4. Inzwischen die Kartoffel schälen und in das gekochte Kraut reiben. Alles mit einer Gabel gut durchrühren. Das Apfelmus dazugeben und mit Salz und Pfeffer abschmecken. Die Masse etwas erkalten lassen.

5. Inzwischen die Tomaten überbrühen, enthäuten, von den Stielansätzen befreien, entkernen, in kleine Würfel schneiden und mit den Schnecken im restlichen Öl anbraten. Diese Masse unter das Kraut geben.

6. Den Teig zu einem Rechteck auswellen und in Quadrate von je 10 cm Seitenlänge schneiden. Die Kraut-Schnecken-Masse auf die Hälfte der Quadrate verteilen, dabei einen Rand lassen. Diesen mit etwas Eiweiß bestreichen. Jedes Quadrat mit einem zweiten Teigstück bedecken. Die Ränder festdrücken. Die Maultaschen in reichlich siedendem Wasser 10 bis 15 Minuten garen.

7. In der Zwischenzeit Eigelbe, Apfelsaft und Sauerkrautsaft in einen Schlagkessel geben und im Wasserbad zu einer cremigen Masse aufschlagen. Diese mit Salz und Pfeffer abschmecken.

8. Die Sauce auf vier vorgewärmte Teller gießen und die Maultaschen darauf setzen. Das Ganze mit den Kerbelsträußchen garnieren und servieren.

PfundsKur-Tip

Die Maultaschen können bereits am Vortag zubereitet und dann zu Mittag gewärmt werden.

Bescheidenheit, Bescheidenheit, verlaß mich nicht bei Tische und gib, daß ich zur rechten Zeit das größte Stück erwische!

Volksmund

Thomas Diener

Getreideserviettenknödel mit Pfifferlingsragout

Fettaugen: 11

Zubereitungszeit: ca. 1 3/4 Stunden

Sie benötigen für 4 Portionen:

Für die Knödel:

200 g Weizenkörner
100 g Roggenschrot
50 g Buchweizengrütze (Reformhaus)
2 EL Hefebrühe (Reformhaus)
5 altbackene Brötchen
400 ml Milch (1,5% Fett)
1 Zwiebel
1 EL Öl
4 Eier

Für das Pilzragout:

400 g frische Pfifferlinge
1 kleine Stange Lauch
1/2 Zwiebel
1 EL Öl
200 g süße Sahne
Salz
frisch gemahlenen Pfeffer
geriebene Muskatnuß
gemahlenen Kümmel

So wird's gemacht:

1. Weizenkörner, Roggenschrot, Buchweizengrütze, Hefebrühe und 1 Liter Wasser in einen Schnellkochtopf geben. Das Ganze in etwa 3/4 Stunden weich kochen, dann absüßen.

2. In der Zwischenzeit die Semmeln halbieren und in dünne Scheiben schneiden. Die Milch erhitzen, über die Semmeln gießen und diese weichen lassen. Die Zwiebel schälen, würfeln und in dem Öl glasig dünsten.

3. Die Getreidemischung mit einem Kochlöffel mit der Semmelmasse, der gedünsteten Zwiebel und den Eiern vorsichtig vermengen. Die Masse in ein feuchtes Geschirrtuch geben, zu einer Rolle formen und das Tuch mit einer Schnur an beiden Enden zubinden. Die Semmelrolle in reichlich siedendem Wasser etwa 1/2 Stunde ziehen lassen.

4. Die Pfifferlinge und den Lauch putzen und waschen. Den Lauch in feine Streifen schneiden. Die Zwiebel fein würfeln und in dem Öl anbraten. Pfifferlinge, Lauch und Sahne dazugeben und alles einkochen lassen. Das Ragout mit den Gewürzen abschmecken.

5. Die Knödelrolle aus dem Tuch nehmen, in Scheiben schneiden und diese auf vier vorgewärmte Teller legen. Das Pfifferlingsragout dazugeben und alles servieren.

PfundsKur-Tip

Die Getreideserviettenknödel schmecken auch vorzüglich zu bayrischem Kraut oder zu Rotkraut.

Jürgen Autenrieth

Pfifferlingspfanne mit Kräutern

Fettaugen: 5

Zubereitungszeit: ca. 40 Minuten

Sie benötigen für 4 Portionen:

250 g Langkornreis
½ Zwiebel
150 g frische Pfifferlinge
½ Zucchino
1 rote Paprikaschote
4 EL Butter
etwas gepreßten Knoblauch
Salz
frisch gemahlenen Pfeffer
2 EL gehackte gemischte Kräuter (Petersilie, Schnittlauch und Basilikum)

So wird's gemacht:

1. Den Reis waschen, in reichlich Salzwasser in etwa ¼ Stunde gar kochen und abgießen.

2. Während der Reis kocht, die Zwiebel schälen und in Würfel schneiden. Die Pilze, den Zucchino und die Paprikaschote putzen, waschen und alles in feine Streifen schneiden.

3. Das Gemüse in einer beschichteten Pfanne in der Butter anschwitzen. Die Pfifferlinge und den Reis dazugeben. Das Ganze mit Knoblauch, Salz und Pfeffer abschmecken. Zum Schluß die Kräuter daruntermischen.

4. Die Pfifferlingsreispfanne auf vier Tellern anrichten und servieren.

Beilage:
Ein bunter Sommersalat mit einer einfachen Vinaigrette (1 TL Öl pro Portion)

PfundsKur-Tip
Statt der Pfifferlinge lassen sich auch Champignons oder Steinpilze verwenden.

Ulrich G. Stengel

Geschmorte Zucchini mit Brötchen-Schwarzbrot-Füllung

Fettaugen: 5

Zubereitungszeit: ca. 3/4 Stunden

Sie benötigen für 4 Portionen:

Für die Sauce:
6 Tomaten
1 mittelgroße Zwiebel
1 EL Olivenöl
1 EL Tomatenmark
1 gepreßte Knoblauchzehe
evtl. etwas Gemüsebrühe
(Fertigprodukt)
2 EL süße Sahne

Für die Füllung:
4 altbackene Brötchen
2 Scheiben Schwarzbrot
100 ml Milch (1,5% Fett)
Salz
frisch gemahlenen Pfeffer
geriebene Muskatnuß
2 Eier
1 TL gehackte Petersilie
60 g geriebenen Parmesan
(32% Fett i. Tr.)

Für die Zucchini:
2 größere Zucchini (ca. 20 cm lang)
Salz
frisch gemahlenen Pfeffer
1/4 TL getrockneten Estragon

So wird's gemacht:

1. Die Tomaten überbrühen, enthäuten, von den Stielansätzen befreien und in Würfel schneiden.

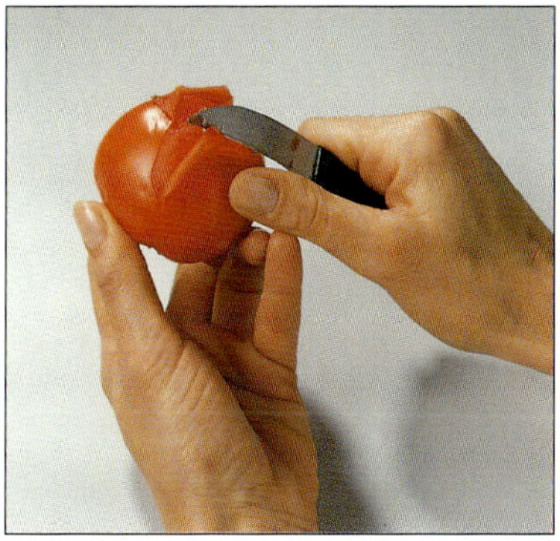

2. Die Zwiebel schälen, fein würfeln und im Olivenöl glasig dünsten. Das Tomatenmark einrühren, die Tomatenwürfel sowie den Knoblauch dazugeben und alles etwa 5 Minuten köcheln lassen. Den Backofen auf 180°C vorheizen.

3. Die Brötchen und das Schwarzbrot in gleichmäßige Würfelchen schneiden. Die Milch erwärmen, mit Salz, Pfeffer und Muskatnuß würzen und über die Brötchenwürfel geben. Die Eier verquirlen und mit der Petersilie unter die Brötchenmasse mischen.

4. In einer Pfanne die Schwarzbrotwürfel ohne Fett anrösten, erkalten lassen und zusammen mit dem Parmesankäse unter die Brötchen-Ei-Masse mischen.

5. Die Zucchini waschen, der Länge nach halbieren, die Kerne mit einem Löffel herausschaben.

Die Zucchinihälften mit Salz, Pfeffer und dem Estragon würzen. Die Brötchen-Schwarzbrot-Füllung gleichmäßig in die Zucchinihälften verteilen.

6. Die Tomatensauce eventuell mit einigen Eßlöffeln Gemüsebrühe verdünnen, dann in eine feuerfeste Form gießen, die Zucchini hineinsetzen und das Ganze im Ofen etwa 25 Minuten schmoren lassen.

7. Die Zucchini herausnehmen und auf Tellern anrichten. Die Sahne in die Tomatensauce einrühren, die Sauce an die Zucchini gießen und das Ganze servieren.

Beilage:
Naturreis (50 g Rohgewicht pro Portion) und Blattsalat mit einer einfachen Vinaigrette (1 TL Öl pro Portion)

Friedrich Nagel

Brokkoligratin

Fettaugen: 11

Zubereitungszeit: ca. 1 Stunde

Sie benötigen für 4 Portionen:

750 g Brokkoli
1 mittelgroßen Blumenkohl
(ca. 750 g)
Salz
200 g saure Sahne (10% Fett)
100 g süße Sahne
60 g geriebenen Greyerzer
(Schweizer Hartkäse mit
45% Fett i. Tr.)
1 EL Speisestärke
frisch gemahlenen Pfeffer
1 Msp. geriebene Muskatnuß

Außerdem:

1 EL Butter für die Form

So wird's gemacht:

1. Den Backofen auf 200°C vorheizen. Brokkoli und Blumenkohl putzen und waschen. Die Brokkolistiele bis auf etwa 10 cm zurückschneiden. Den Blumenkohl in Röschen teilen und in reichlich Salzwasser kochen lassen. Nach etwa 10 Minuten die Brokkoliröschen dazugeben und alles etwa weitere 5 Minuten kochen lassen.

2. Den Kohl herausnehmen, abtropfen lassen und das Kohlgemüse abwechselnd in eine mit der Butter ausgefettete Gratinform schichten.

3. Saure und süße Sahne, 6 Eßlöffel Greyerzer, Speisestärke und Gewürze gut verrühren. Den Guß über den Kohl geben. Den restlichen Greyerzer darüberstreuen und das Brokkoligratin etwa 20 Minuten im Ofen bei Oberhitze überbacken.

Beilage:

Gedämpfter Reis (50 g Rohgewicht pro Portion)

Karl J. Haaf

Gefüllte Zucchini mit Sauerampfersauce

Fettaugen: 7

Zubereitungszeit: ca. 1 1/4 Stunden

Sie benötigen für 4 Portionen:

Für die Zucchini:

500 g Kartoffeln
Salz
2 große Zucchini (600–700 g)
2 Eigelb
1 EL Butter
1 Prise geriebene Muskatnuß
50 g Pinienkerne
40 g geriebenen Parmesan
(32% Fett i. Tr.)
40 g geriebenen Gouda
(30% Fett i. Tr.)

Für die Sauce:

20 g frischen Sauerampfer
2 EL Butter
2 EL Weizenmehl
1/4 l Gemüsebrühe (Instantprodukt)
Salz
frisch gemahlenen Pfeffer

So wird's gemacht:

1. Die Kartoffeln waschen, abbürsten, in reichlich Salzwasser als Pellkartoffeln garen, abgießen, etwas abkühlen lassen, pellen und durch eine Kartoffelpresse drücken.

2. Während die Kartoffeln garen, den Backofen auf 180°C vorheizen. Die Zucchini waschen, halbieren und mit einem Löffel etwas Fruchtfleisch herauslösen, dieses beiseite stellen. Die Zucchinihälften in reichlich siedendem Salzwasser bißfest kochen.

3. Eigelbe, Butter, Muskat und Salz unter die Kartoffelmasse rühren. Einen Teil der Pinienkerne im Mörser zerreiben. Das Fruchtfleisch der Zucchini grob hacken, mit dem Parmesan, dem Gouda sowie den zerriebenen Pinienkernen unter die Kartoffel-Ei-Masse mischen.

4. Die Zucchinihälften in eine mit Backpapier ausgeschlagene feuerfeste Form setzen. Die Kartoffelmasse in einen Spritzbeutel mit einer Sterntülle geben und in die Zucchinihälften spritzen. Die restlichen Pinienkerne darauf verteilen und das Ganze im Ofen etwa 1/4 Stunde überbacken.

5. In der Zwischenzeit den Sauerampfer waschen. Einen Teil in feine Streifen schneiden. Den anderen fein pürieren. Aus Butter und Mehl eine Schwitze herstellen, die Gemüsebrühe angießen und alles kräftig aufschlagen.

6. Die Zucchini auf vier vorgewärmte Teller setzen. Den gesamten Sauerampfer unter die Sauce rühren und diese abschmecken. Die Sauerampfersauce an die Zucchini gießen und das Ganze servieren.

Beilage:
Gedämpfter Reis (50 g Rohgewicht pro Portion)

Martin Steiner

Gebratene Austernpilze mit Crevetten auf Friséesalat

Fettaugen: 4

Zubereitungszeit: ca. 1/2 Stunde

Sie benötigen für 4 Portionen:

Für den Salat:
- 1 kleinen Kopf Friséesalat
- 3 EL Balsamessig
- 2 EL Traubenkernöl
- Saft von 1 Zitrone
- Meersalz
- Pfeffer

Für die Pilze:
- 1 Schalotte
- 600 g Austernpilze
- 2 EL Sonnenblumenöl
- Meersalz
- frisch gemahlenen weißen Pfeffer
- 3 TL Balsamessig
- 200 g Crevetten (Tiefseegarnelen)

Außerdem:
- einige Kerbelblättchen

So wird's gemacht:

1. Den Friséesalat putzen, waschen, trockenschleudern und in mundgerechte Stücke zupfen. Aus Essig, Öl, Zitronensaft, Salz und Pfeffer die Salatsauce herstellen. Den Salat darin wenden und auf flache Teller verteilen.

2. Die Schalotte schälen und fein würfeln. Die Austernpilze putzen, waschen und die harten Stiele abschneiden. Die Pilze in breite Streifen schneiden und diese in einer Pfanne im Sonnenblumenöl anbraten.

3. Die Schalottenwürfel in die Pfanne geben. Das Ganze salzen und pfeffern. Den Balsamessig darüberträufeln. Die Crevetten unter die Pilze mischen und alles kurz erhitzen.

4. Die Pilz-Crevetten-Mischung auf dem Salat anrichten. Das Gericht mit den Kerbelblättchen garnieren und servieren.

Beilage:
Vollkornnudeln (50 g Rohgewicht pro Portion)

PfundsKur-Tip
Die Austernpilze kann man auch ganz lassen und vor dem Braten leicht mit Mehl bestäuben.
Statt der Austernpilze eignen sich auch gut Champignons oder Steinpilze.

Karl Bader

Überbackener Lauch

Fettaugen: 5

Zubereitungszeit: ca. 1/2 Stunde

Sie benötigen für 4 Portionen:

2 große Stangen Lauch
Salz
2 EL Butter oder Margarine
frisch gemahlenen weißen Pfeffer
1 Prise geriebene Muskatnuß
4 Scheiben gekochten mageren Schinken (ca. 200 g)
4 Scheiben Gouda oder Emmentaler à 30 g (beide Sorten mit 30% Fett i. Tr.)

Außerdem:

einige Kräuterzweige zum Garnieren

So wird's gemacht:

1. Den Lauch putzen, waschen und in 5 bis 10 cm lange Stücke schneiden. Die Lauchstücke in reichlich siedendem Salzwasser blanchieren, herausnehmen und kurz abtropfen lassen.

2. Den Backofen auf 220°C vorheizen. Das Fett in einer Pfanne erhitzen und die Lauchstücke darin kurz anbraten. Sie dann mit Salz, Pfeffer und Muskatnuß würzen.

3. Den Lauch auf vier Tellern anrichten und mit je einer Scheibe Schinken und einer Scheibe Käse bedecken. Das Ganze im Ofen so lange überbacken, bis der Käse geschmolzen ist.

4. Den überbackenen Lauch mit den Kräuterzweigen garnieren und das Ganze warm servieren.

Beilage:

Salzkartoffeln (200 g pro Portion)

Thomas Diener

Geislinger Brotsuppe

Fettaugen: 1

Zubereitungszeit: ca. 40 Minuten

Sie benötigen für 4 Portionen:

2 Karotten
¼ Sellerieknolle (ca. 90 g)
½ Stange Lauch
½ Zwiebel
1 EL Öl
1 l Fleischbrühe oder -fond (Fertigprodukt)
Salz
Pfeffer
geriebene Muskatnuß
etwas Majoran
gemahlenen Kümmel nach Belieben
6 Scheiben Roggenmischbrot
2 Tomaten
1 EL gehacktes Selleriegrün

So wird's gemacht:

1. Karotten, Sellerie und Lauch putzen und waschen. Die Zwiebel schälen. Das Gemüse in feine Würfel schneiden und diese in einem Topf im heißen Öl anschwitzen. Das Ganze mit der Brühe ablöschen, würzen und dann etwa ¼ Stunde kochen lassen.

2. Inzwischen das Brot in Würfel schneiden und in einer Pfanne trocken anrösten. Die Tomaten überbrühen, enthäuten, vierteln, entkernen und in Würfel schneiden. Die Tomatenwürfel in vier Suppenteller geben.

3. Das Selleriegrün zur Suppe geben und diese mit einem Schneebesen kurz durchschlagen. Das Ganze nochmals abschmecken und in die Suppenteller verteilen. Die Brotwürfel darübergeben und die Suppe servieren.

Brotsuppe: Im Krieg war sie ein alltägliches Essen, mit falscher Gemüsebrühe, Magermilch, Salz und einem Löffel Petersilie. Lieber war sie mir süß, mit Rosinen und Rahm obendrauf. Aber das sollten Sie während der Pfunds-Kur lieber lassen.

Berthold Sauter

Linsenkraftbrühe

Fettaugen: 0

Zubereitungszeit: ca. 1 1/2 Stunden

Sie benötigen für 4 Portionen:

500 g braune Linsen
1 1/2 l Rinderbrühe oder -fond (Fertigprodukt)
1 Karotte
1 Zwiebel
1 Stengel Selleriegrün
1 Fleischtomate
150 g Rinderhesse (Wadenfleisch ohne Knochen)
2 Eiweiß
1 Lorbeerblatt
10 weiße Pfefferkörner
1 Nelke
2 Knoblauchzehen
1 TL Tomatenmark
etwas Essig
Salz

Außerdem:

4 Laugenbrezel

So wird's gemacht:

1. Die Linsen waschen, mit der Brühe in einen Schnellkochtopf geben und in etwa 7 Minuten weich kochen. Dann für die Suppeneinlage eine Handvoll Linsen beiseite stellen. Die restlichen Linsen in ein Sieb schütten und gut ausdrücken, damit möglichst alle Flüssigkeit herausgepreßt wird. Die Brühe erkalten lassen.

2. Während die Linsen kochen, das Gemüse putzen, waschen und in Würfel schneiden. Die Rinderhesse durch die feine Scheibe eines Fleischwolfs drehen. Gemüsewürfel, Eiweiß und Rinderhesse gut vermischen.

3. Die Masse zusammen mit den Gewürzen und dem Tomatenmark in die Brühe einrühren. Das Ganze langsam zum Kochen bringen und etwa 3/4 Stunden ziehen lassen. Die Brühe dann durch ein Tuch gießen und eventuell vorhandenes Fett abnehmen.

4. Die Linsenkraftbrühe mit etwas Essig und Salz abschmecken. Die zurückbehaltenen Linsen auf vier Suppenteller verteilen, die Suppe darübergießen und mit den Laugenbrezeln servieren.

Jürgen Seitz

Kerbelsuppe mit Streifen von Kalbszunge

Fettaugen: 3

Zubereitungszeit: ca. 1/2 Stunde

Sie benötigen für 4 Portionen:

1 Bund Suppengemüse (Lauch, Karotte, Sellerie)
50 g frischen Kerbel
1 Schalotte
1 Zwiebel
1 TL Butter
1/4 l Gemüsebrühe (Instantprodukt)
Salz
200 g gekochte Kalbszunge
1/4 l Milch (1,5% Fett)
2 EL geschlagene Sahne

Außerdem:

4 Vollkornbrötchen

So wird's gemacht:

1. Das Suppengemüse putzen und waschen. Die dunkelgrünen Blätter vom Lauch abschneiden. Das Gemüse kleinschneiden.
2. Den Kerbel waschen und trockentupfen. Die Schalotte und die Zwiebel schälen, fein würfeln und mit der Butter in einem Schnellkochtopf glasig dünsten.
3. Das Suppengemüse dazugeben und etwa 1 Minute mitdünsten. Die Gemüsebrühe angießen, alles aufkochen lassen und die Suppe leicht salzen.
4. Die Suppe etwa 9 Minuten im Schnellkochtopf garen. Während dieser Zeit die Kalbszunge in Streifen schneiden. Den Topf öffnen, die Kerbelblätter hineingeben und unter die Suppe rühren. Das Ganze nicht mehr aufkochen. Alles in einem Mixer pürieren.
5. Die Zungenstreifen in wenig heißem Wasser erwärmen. Die Kerbelsuppe durch ein Sieb in einen kleinen Topf gießen, die Milch dazugeben und das Ganze unter Rühren erhitzen. Die Suppe mit einem Pürierstab schaumig schlagen und abschmecken. Zum Schluß die Sahne vorsichtig darunterheben.
6. Die Zungenstreifen aus dem Wasser nehmen, in tiefe Teller geben und die Suppe darübergießen. Die Kerbelsuppe mit den Vollkornbrötchen servieren.

PfundsKur-Tip

Es ist wichtig, daß der Kerbel nicht mitgekocht wird, denn sonst verliert er seine Vitamine und seine grüne Farbe.

Kerbel, Küchenkraut mit würzig-süßlichem Geschmack für Suppen, Salate und Saucen. Immer erst zum Schluß zugeben, damit das Aroma erhalten bleibt.

Hans Käfer

Spargel-Kartoffel-Suppe mit Rauchforelle

Fettaugen: 3

Zubereitungszeit: ca. 1 1/4 Stunden

Sie benötigen für 4 Portionen:

250 g frischen Spargel
Salz
400 g Kartoffeln
60 g geräuchertes Forellenfilet
1 Bund Basilikum
125 g süße Sahne
frisch gemahlenen Pfeffer
geriebene Muskatnuß

So wird's gemacht:

1. Den Spargel waschen und schälen. Die Spargelschalen in 1 Liter Salzwasser aufkochen lassen und dann etwa 1/2 Stunde köcheln lassen.
2. In der Zwischenzeit die Kartoffeln waschen, schälen und in Würfel schneiden. Den Spargel in Stücke schneiden. Den Spargelsud durch ein Sieb in einen Topf gießen. Die Kartoffelwürfel dazugeben und sie in etwa 20 Minuten bei geschlossenem Topf weich kochen.
3. In der Zwischenzeit, das Forellenfleisch und das gewaschene Basilikum in Streifen schneiden. Die Kartoffeln aus dem Sud nehmen, in eine Schüssel geben und mit einem Pürierstab pürieren. Das Püree in die Brühe einrühren. Die Sahne gleichmäßig darunterziehen und das Ganze mit Salz, Pfeffer und Muskatnuß würzen.
4. Die Suppe durch ein Sieb in einen Topf gießen, die Spargelstücke dazugeben und 15 bis 20 Minuten darin garen.
5. Die Spargel-Kartoffel-Suppe in vier vorgewärmte Tassen füllen, Forellenfilet- und Basilikumstreifen darauf geben und servieren.

„Es geht doch nichts über Spargel. Sie sind so sanft, daß sie zwangsläufig zu sanften Gedanken führen."
Charles Lamb

Manfred Fischer

Tafelspitz mit Gemüse auf Wirsingblatt

Fettaugen: 3

Zubereitungszeit: ca. 2 3/4 Stunden

Sie benötigen für 4 Portionen:

800 g Tafelspitz vom Rind
4 mittelgroße Karotten
2 Petersilienwurzeln
2 kleine Stangen Lauch
6 mittelgroße Kartoffeln
12 kleine zarte Wirsingkohlblätter
Salz
frisch gemahlenen Pfeffer
2 Pimentkörner
1 Lorbeerblatt
2 Nelken

Außerdem:

Schnittlauchröllchen und
frisch geriebenen Meerrettich
nach Belieben

So wird's gemacht:

1. Etwa 3 Liter Wasser zum Kochen bringen. Den Tafelspitz waschen, in das Wasser legen und 1 1/2 bis 2 Stunden ganz leicht köcheln lassen. Dann das Fleisch herausnehmen und warm stellen.

2. Karotten, Petersilienwurzeln, Lauchstangen und Kartoffeln putzen beziehungsweise schälen und waschen. Den Lauch quer halbieren. Die Wirsingblätter waschen.

3. Die Brühe vom Tafelspitz mit Salz und Pfeffer würzen. Die Gewürze in ein Leinensäckchen einpacken und in die Brühe geben. Das gesamte Gemüse in die Brühe geben und darin garen.

4. Das Gemüse aus der Brühe nehmen und alles bis auf die Wirsingblätter und den Lauch mit einem Buntmesser oder einem normalen Küchenmesser in Scheiben schneiden. Den Lauch mit einem Küchenmesser in Ringe schneiden.

5. Das kleingeschnittene Gemüse in der Brühe nochmals erwärmen. Den Tafelspitz in Scheiben schneiden und warm stellen.

6. Die Wirsingblätter auf vorgewärmte Teller legen. Kartoffeln und Gemüse aus der Brühe nehmen und darauf geben. Die Fleischscheiben neben dem Gemüse anrichten. Etwas Brühe angießen und die Schnittlauchröllchen darüberstreuen. Den frisch geriebenen Meerrettich zum Tafelspitz reichen.

PfundsKur-Tip

Es ist sehr wichtig, das Fleisch in kochendes Wasser zu geben, da sich die Poren dann sofort schließen und das Fleisch dadurch aromatisch und saftig bleibt.

Georg Wurster

Kalbsblankett

Fettaugen: 7

Zubereitungszeit: ca. 2 Stunden

Sie benötigen für 4 Portionen:

1 Bund Suppengemüse (Lauch, Karotte, Sellerie)
1/2 l Kalbsbrühe oder -fond (Fertigprodukt)
800 g Kalbfleisch aus der Schulter in große Gulaschwürfel geschnitten
Salz
1 Zwiebel mit 1 Nelke und 1/2 Lorbeerblatt gespickt
2 EL Butter, 3 EL Weizenmehl
1 Eigelb, 75 g süße Sahne
Pfeffer, etwas Zitronensaft

So wird's gemacht:

1. Das Suppengemüse putzen, waschen und grob zerkleinern. Die Brühe aufsetzen, das Kalbfleisch hineingeben und alles zum Kochen bringen.

2. Den sich bildenden Schaum mehrmals abnehmen, Salz, Gemüse sowie die gespickte Zwiebel hinzufügen. Das Ganze bei leicht geöffnetem Topf 1 bis 1 1/2 Stunden leicht kochen lassen. Das gegarte Fleisch aus dem Fond nehmen und warm stellen.

3. Den Fond durch ein Passiersieb geben. Aus der Butter und dem Mehl eine helle Schwitze herstellen. Diese mit dem Fond aufgießen, kräftig glattrühren und etwa 20 Minuten leicht kochen lassen.

4. Die Sauce mit dem Eigelb und der Sahne legieren, würzen und mit Zitronensaft abschmecken.

5. Das Fleisch auf vier vorgewärmte Teller geben und die Sauce angießen.

Beilage:

Naturreis (50 g Rohgewicht pro Portion) und Blattspinat (200 g pro Portion)

Karl-Heinz Heller

Kalbsbries aus dem Gemüsesud mit Dampfkartoffeln

Fettaugen: 2

Zubereitungszeit: ca. 2 ½ Stunden

Sie benötigen für 4 Portionen:

400 g Kalbsbries
½ l Kalbsbrühe oder -fond (Fertigprodukt)
1 Zwiebel mit 1 Nelke und 1 Lorbeerblatt gespickt
500 g Kartoffeln
1 Karotte
1 kleine Sellerieknolle
1 Lauchzwiebel
1 EL Sonnenblumenöl
Salz
3 EL gehackte Petersilie

So wird's gemacht:

1. Das Kalbsbries in reichlich Wasser wässern, dann säubern. Die Brühe zusammen mit der gespickten Zwiebel aufsetzen und das Kalbsbries darin etwa ½ Stunde pochieren, herausnehmen und warm stellen. Die Kartoffeln schälen, waschen und im Dampfdrucktopf garen.

2. Während die Kartoffeln und das Kalbsbries kochen, Karotte, Sellerieknolle und Lauchzwiebel waschen, schälen und in feine Streifen schneiden.

3. Die Gemüsestreifen in dem Öl anbraten. Den Briesfond durch ein Passiersieb dazugeben und alles etwa 5 Minuten garen. Das Ganze mit etwas Salz abschmecken.

4. Das Kalbsbries in dickere Scheiben schneiden, zu dem Gemüse geben und alles etwa 5 Minuten köcheln lassen.

5. Das Kalbsbries, die Gemüsestreifen und die Brühe in vier tiefe Teller geben, die Dampfkartoffeln mit Petersilie bestreuen und separat dazu reichen.

Helmut Lauser

Kalbsrückensteak mit Steinpilzpudding an Petersilienschaum

Fettaugen: 9

Zubereitungszeit: ca. 1 Stunde

Sie benötigen für 4 Portionen:

Für den Steinpilzpudding:
500 g frische Steinpilze
3–4 Schalotten (ca. 100 g) oder
2 mittelgroße Zwiebeln
1 EL Öl
1 TL Steinpilzpulver
(Feinkostgeschäft)
3 Eier
100 g süße Sahne
Salz
frisch gemahlenen Pfeffer

Für die Steaks:
4 Kalbsrückensteaks à 150 g

Für den Petersilienschaum:
1 kleines Bund Blattpetersilie
2 EL Gemüsebrühe (Instantprodukt)
2 Eigelb
Salz, frisch gemahlenen Pfeffer

Außerdem:
1 EL Butter für die Förmchen

So wird's gemacht:

1. Den Backofen auf 160°C vorheizen. Die Steinpilze putzen, waschen und in Scheiben schneiden. Die Schalotten schälen und fein würfeln. Beides in einem Topf im heißen Öl hellbraun anbraten.

2. Mit der Butter vier Timbalen ausfetten, Rand und Boden mit schönen Pilzscheiben auskleiden. Restliche Steinpilze und Steinpilzpulver mit den Eiern und der Sahne mit einem Pürierstab oder im Mixer pürieren und würzen. Die Masse in die Förmchen füllen.

3. Den Steinpilzpudding im Wasserbad im Ofen etwa 40 Minuten garen. Die Kalbsrückensteaks in einer beschichteten Pfanne ohne Fett braten und warm stellen.

4. Die Petersilie waschen, trockentupfen und die Blättchen abzupfen. Diese mit der Gemüsebrühe mit einem Pürierstab pürieren. Die Eigelbe kräftig aufschlagen, das Petersilienpüree darunterheben und das Ganze würzen.

5. Den Steinpilzpudding auf Teller stürzen, die Kalbsrückensteaks danebenlegen, die Sauce angießen.

Beilage:
Salzkartoffeln (200 g pro Portion)

„Kochen ist eine Kunst, und ihre Würdigung unterliegt daher den gleichen Gesetzen, die für die Würdigung aller anderen Künste gelten. Wer zu lang an schlechte Kost gewöhnt war, könnte die Fähigkeit verlieren, die Werke wahrer Kochkunst zu verstehen, wenn er ihnen begegnet."
W.H. Auden

Volker Krehl

Rosagebratenes Poulardenbrüstchen auf frischen Pilzen

Fettaugen: 4

Zubereitungszeit: ca. ¾ Stunden

Sie benötigen für 4 Portionen:

Für die Brüstchen:
4 Poulardenbrüstchen à 180 g
Salz, Pfeffer
1 EL Olivenöl

Für die Pilze:
400 g frische Pilze (Champignons, Pfifferlinge, Steinpilze oder Shiitake)
1 EL fein gehackte Zwiebeln
2 EL Butter
4 Tomaten
1 EL gehackte gemischte Kräuter (Estragon, Kerbel und Basilikum)
etwas Rosmarin
Cayennepfeffer
1 Spritzer Brühe
etwas gepreßten Knoblauch

Außerdem:
4 Kräutersträußchen zum Garnieren

So wird's gemacht:

1. Den Backofen auf 180°C vorheizen. Die Poulardenbrüstchen von Federkielen befreien, waschen, trockentupfen, würzen und in dem Öl anbraten. Sie anschließend mit der Pfanne in den Ofen stellen, 7 bis 8 Minuten garen und warm stellen. Die Brüstchen sollen saftig und in der Mitte ganz leicht rosafarben sein.

2. In der Zwischenzeit die Pilze putzen, waschen und blättrig schneiden. Die Zwiebeln in der Butter anschwitzen, die Pilze dazugeben und 2 bis 3 Minuten garen.

3. Die Tomaten überbrühen, abziehen, vierteln, die Stielansätze herausschneiden, die Kerne herausschaben, so daß nur das Tomatenfleisch übrig bleibt. Die Tomaten mit den Kräutern zu den Pilzen geben. Das Ganze mit den Geschmackszutaten würzen.

4. Die Pilz-Tomaten-Kräuter-Masse auf vier Teller verteilen und die Poulardenbrüstchen darauf anrichten. Das Ganze mit einem Kräutersträußchen garnieren.

Beilage:
Vollkornnudeln (50 g Rohgewicht pro Portion)

PfundsKur-Tip

Die Pilzzubereitung paßt sehr gut zu verschiedenen Steaks und zu gebratenem oder gedämpftem Fisch. Es können auch Pilzsorten gemischt werden. Frische Pilze sind geschmacksintensiver als tiefgefrorene oder Dosenware.

Harald A. Neises

Poulardenbrüstchen an Apfelsauce mit Perlgraupenrisotto

Fettaugen: 7

Zubereitungszeit: ca. ¾ Stunden

Sie benötigen für 4 Portionen:

Für das Risotto:
200 g Perlgraupen
1 fein gehackte Schalotte
2–3 EL fein gewürfelte Karotte
2–3 EL fein gewürfelten Sellerie
2–3 EL fein gewürfelten Lauch
2 EL Butter
1 Lorbeerblatt
300 ml Geflügelbrühe oder -fond (Fertigprodukt)
Pfeffer
Salz
geriebene Muskatnuß

Für die Brüstchen und die Sauce:
4 Poulardenbrüste mit Flügelknochen à 250 g
Pfeffer
Salz
2 EL Öl
250 ml Geflügelbrühe oder -fond (Fertigprodukt)
200 ml Apfelsaft
2 EL kalte Butter

Außerdem:
4 Melissensträußchen zum Garnieren

So wird's gemacht:

1. Die Perlgraupen waschen und gut abtropfen lassen. Schalotten- und Gemüsewürfel in einer Kasserolle in der Butter anschwitzen. Die Perlgraupen und das Lorbeerblatt dazugeben.

2. Das Ganze mit dem Geflügelfond auffüllen und alles bei mittlerer Hitze etwa ½ Stunde gar dünsten. Das Risotto mit Pfeffer, Salz und Muskatnuß abschmecken.

3. Während die Graupen garen, die Poulardenbrüste würzen und in einer Pfanne in dem Öl von beiden Seiten anbraten. Die Brüste in etwa 5 Minuten fertiggaren, aus der Pfanne nehmen und warm stellen.

4. Den Bratensatz mit dem Geflügelfond und dem Apfelsaft ablöschen und die Flüssigkeit auf etwa 100 ml einkochen lassen. Die Pfanne von der Herdplatte nehmen. Die kalte Butter in Würfeln in die Sauce geben und das Ganze kräftig aufschlagen. Die Sauce abschmecken.

5. Das Risotto auf vier Tellern anrichten, die Poulardenbrüste anlegen und mit der Apfelsauce übergießen. Das Ganze mit je einem Melissensträußchen garnieren.

PfundsKur-Tip

Die Apfelsauce darf nach dem Aufschlagen nicht mehr aufgekocht werden.

Alfred Schweizer

Gefüllte Poulardenbrust auf Gemüseragout mit Majoranschupfnudeln

Fettaugen: 8

Zubereitungszeit: ca. 1 1/4 Stunden

Sie benötigen für 4 Portionen:

Für die Poulardenbrüste:
- 1 kleine Stange Lauch
- 50 g frische Champignons
- 60 g Weißbrot ohne Rinde
- 2 EL Öl
- 100 g süße Sahne
- 1 Ei
- Salz, frisch gemahlenen Pfeffer
- 4 Poulardenbrüstchen à 150 g
- etwas Eiweiß

Für das Gemüseragout:
- 1 rote Paprikaschote
- 1 Zucchino
- 1 Aubergine
- 2 kleine Zwiebeln
- 1 EL Olivenöl
- 1 gepreßte Knoblauchzehe
- Salz, Pfeffer
- geriebene Muskatnuß
- etwas Oregano

Für die Schupfnudeln:
- 250 g gekochte geschälte Kartoffeln vom Vortag
- 70 g Mehl
- 1 Ei
- Salz
- geriebene Muskatnuß
- 1 EL frischen Majoran

So wird's gemacht:

1. Den Backofen auf 160°C vorheizen. Den Lauch der Länge nach halbieren, gut waschen, die Wurzeln und das grüne Ende abschneiden. Den Lauch in feine Streifen schneiden. Die Champignons putzen, waschen und in feine Würfel schneiden. Das Brot zerkrümeln.

2. Den Lauch in 1 Eßlöffel Öl anbraten, die Pilze und die Sahne dazugeben und die Flüssigkeit fast vollständig einkochen lassen. Ei und Brotkrumen dazugeben, alles gut vermengen und mit Salz und Pfeffer abschmecken.

3. Die Poulardenbrüste der Länge nach fast ganz durchschneiden, aufklappen und etwas flach klopfen. Ausreichend große Stücke Alufolie zurechtschneiden und mit dem restlichen Olivenöl bestreichen. Die Brüste darauf legen und würzen.

4. Das Fleisch mit Eiweiß bestreichen. Die Füllung in vier Teile aufteilen und zu Würstchen formen. Diese auf je eine Hälfte der Brüste legen. Die Geflügelhälften übereinanderschlagen und die Brüste fest in die Folie einwickeln. Das Ganze im Ofen auf dem Kuchengitter etwa 10 Minuten garen. Die Brüste dann herausnehmen und verpackt noch etwa 10 Minuten ruhen lassen.

5. Während das Fleisch im Ofen ist, die Paprikaschote halbieren, Kerne, Stielansatz und Trennhäutchen entfernen und die Schotenhälften waschen. Zucchino und Aubergine putzen und waschen. Das Gemüse in kleine Würfel schneiden.

6. Die Zwiebeln schälen, würfeln und im Olivenöl kurz anbraten. Die restlichen Gemüsewürfel dazugeben und gar dünsten. Das Gemüse soll noch Biß haben. Alles mit Knoblauch, Salz, Pfeffer, Muskatnuß und Oregano würzen. Das Gemüse warm stellen.

7. Für die Schupfnudeln die Kartoffeln durch eine Kartoffelpresse drücken, mit den übrigen Zutaten gut vermengen und abschmecken. Von dem Teig Schupfnudeln abdrehen, auf einen Teller legen und beiseite stellen.
8. Die Schupfnudeln in reichlich kochendem Salzwasser etwa 3 Minuten garen, abgießen, kurz abschrecken und warm stellen. Das Gemüseragout auf Teller verteilen, die gefüllten Poulardenbrüste darauf setzen und die Majorannudeln dazureichen.

Dietmar Gulewitsch

Truthahnroulade mit Gemüsefüllung

Fettaugen: 4

Zubereitungszeit: ca. 1 Stunde

Sie benötigen für 4 Portionen:
4 Truthahnschnitzel à 120 g
1 kleine Karotte
½ Zucchino (ca. 60 g)
einige Brokkoliröschen (ca. 60 g)
1 kleine Zwiebel
1 EL Sonnenblumenöl
4 Scheiben Vollkorntoast oder
2 altbackene Brötchen
2 Eier
1 EL gehackte Blattpetersilie
Salz
geriebene Muskatnuß
frisch gemahlenen Pfeffer

So wird's gemacht:
1. Den Backofen auf 180°C vorheizen. Die Truthahnschnitzel zwischen zwei Stück Klarsichtfolie legen und etwas flach klopfen. Gemüse und die Zwiebel putzen, waschen, in kleine Würfel schneiden und im Öl etwa 5 Minuten braten. Das Gemüse soll weich sein.
2. Das Brot oder die Brötchen in etwa ½ Liter Wasser einweichen und ausdrücken, dann mit den Eiern und der Petersilie gut zu einer lockeren Masse vermengen. Das Gemüse dazugeben und alles würzen.
3. Die Masse auf die Truthahnschnitzel streichen. Die Rouladen zusammenrollen und in ausreichend große Stücke Alufolie fest einwickeln. Die Päckchen in eine feuerfeste Form legen und etwa einen Daumenbreit Wasser angießen. Das Ganze im Ofen etwa 20 Minuten garen. Die Rouladen herausnehmen und noch etwa 10 Minuten in der Folie verpackt ruhen lassen.
4. Die Truthahnrouladen aus der Folie auspacken und auf vorgewärmte Teller geben.

Beilage:
Naturreis (50 g Rohgewicht pro Portion) und Endivien- oder Feldsalat mit einer einfachen Vinaigrette (1 TL Öl pro Portion)

Karl Knipp

Hähnchenbrust im Gemüsemantel mit Kartoffel-Kresse-Sauce

Fettaugen: 5

Zubereitungszeit: ca. 1 Stunde

Sie benötigen für 4 Portionen:

Für die Hähnchenbrust:
1 mittelgroßen Kohlrabi (ca. 100 g)
2 kleine Karotten (ca. 100 g)
3–4 mittelgroße Petersilienwurzeln (ca. 100 g)
1 kleine Stange Lauch (ca. 100 g)
1 EL gehackte Petersilie
Salz
frisch gemahlenen Pfeffer
1 EL Olivenöl
4 gehäutete Hähnchenbrüste à 150 g

Für die Sauce:
250 g Kartoffeln
1 kleine Zwiebel
4 EL Butter
1/4 l Gemüsebrühe (Instantprodukt)
1 kleines Bund Brunnenkresse
250 g Joghurt (1,5% Fett)
Salz, frisch gemahlenen Pfeffer
geriebene Muskatnuß

So wird's gemacht:

1. Den Backofen auf 180°C vorheizen. Kohlrabi, Karotten und Petersilienwurzeln schälen, waschen und mit einer Gemüseraspel in feine Streifen hobeln. Den Lauch halbieren, waschen und ebenfalls in feine Streifen schneiden. Das Gemüse miteinander mischen, die Petersilie zugeben und alles würzen.

2. Die matte Seite von vier größeren Stücken Alufolie mit dem Olivenöl einreiben und die Hälfte der Gemüsestreifen darauf verteilen. Die Hähnchenbrüste darauf legen, mit dem restlichen Gemüse bedecken, das Ganze fest in Folie einschlagen und gut verschließen. Die Brüste im Ofen auf einem Kuchengitter etwa 25 Minuten garen, dann herausnehmen und noch in der Folie verpackt etwa 10 Minuten ruhen lassen.

3. In der Zwischenzeit die Kartoffeln schälen, waschen und in 1/2 x 1/2 cm große Würfel schneiden. Die Zwiebel schälen, würfeln und in der Butter anschwitzen. Die Kartoffeln dazugeben und mit anbraten. Das Ganze mit der Gemüsebrühe auffüllen, etwa 20 Minuten köcheln lassen und dann mit einem Pürierstab fein pürieren.

4. Während die Kartoffeln köcheln, die Brunnenkresse waschen, trockentupfen und fein hacken. Den Joghurt und die Kresse zur Sauce geben und alles nochmals gut durchmixen. Das Ganze mit Salz, Pfeffer und einer Prise Muskatnuß abschmecken.

5. Die Hähnchenbrüste und das Gemüse vorsichtig aus der Folie nehmen und auf vier vorgewärmte Teller geben, mit der Kartoffel-Kresse-Sauce übergießen und servieren.

Manfred Schwarz

Gedämpftes Perlhuhn mit Sonnenblumen-krusteln

Fettaugen: 7

Zubereitungszeit: ca. 1 Stunde

Sie benötigen für 4 Portionen:

Für die Krusteln:
- 500 g mehligkochende Kartoffeln
- 2 Eigelb
- 1 EL Speisestärke
- Salz, frisch gemahlenen Pfeffer
- 50 g Sonnenblumenkerne
- 1 EL Sonnenblumenöl

Für das Huhn:
- 2 Perlhuhnkeulen und
- 2 Perlhuhnbrüstchen (gegebenenfalls 1 Perlhuhn vom Händler tranchieren lassen)
- 2 Karotten
- 2 Petersilienwurzeln
- 1 kleine Zwiebel
- 200 g Rosenkohl
- 1 Zweig Rosmarin oder Thymian
- Salz, frisch gemahlenen Pfeffer
- ¼ l Gemüsebrühe (Instantprodukt)

So wird's gemacht:

1. Die Kartoffeln waschen, abbürsten und in einem Schnellkochtopf als Pellkartoffeln garen, abgießen, etwas abkühlen lassen und pellen. Während die Kartoffeln garen, den Backofen auf 160°C vorheizen.

2. Die Perlhuhnkeulen und -brüste gut abwaschen und mit Küchenkrepp abtupfen. Karotten und Petersilienwurzeln waschen, schälen und in feine Scheiben schneiden.

3. Die Zwiebel schälen und würfeln. Den Rosenkohl putzen, waschen, den Strunk großzügig abschneiden und alle Blätter von ihm abbrechen. Nur die Rosenkohlblätter werden weiterverarbeitet.

4. Das Gemüse und den Kräuterzweig in eine beschichtete Pfanne mit Deckel oder in eine feuerfeste Glasschüssel mit Deckel einschichten und die Geflügelteile darauf legen. Das Ganze würzen, mit der Gemüsebrühe aufgießen und zugedeckt kurz aufkochen lassen. Huhn und Gemüse im Ofen etwa ½ Stunde dünsten.

5. Während das Huhn gart, die Kartoffeln durch eine Kartoffelpresse drücken und mit den Eigelben, der Stärke, Salz und Pfeffer gut vermengen. Aus der Masse kleine Krusteln formen und diese in den Sonnenblumenkernen wälzen. Die Krusteln im Öl in einer beschichteten Pfanne bei nicht zu starker Hitze backen.

5. Gemüse und Perlhuhnteilchen auf vier Tellern anrichten und die Krusteln dazugeben.

PfundsKur-Tip

Anstelle des Rosenkohls läßt sich auch Lauch verwenden. Dieser wird in feine Ringe geschnitten.

„Ich habe einen ganz einfachen Geschmack: Ich bin mit dem Besten immer zufrieden."
Oscar Wilde

Uli Neidhardt

Lammrücken unter der Kräuterdecke mit grünen Bohnenkernen

Fettaugen: 8

Zubereitungszeit: ca. 1 Stunde

Sie benötigen für 4 Portionen:

Für die Bohnen:

500 g grüne, frisch ausgepulte Bohnenkerne
4 Tomaten
½ Zwiebel
1 EL Olivenöl
Salz
1 Zweig Rosmarin oder Thymian

Für den Lammrücken:

1 Knolle Knoblauch
800 g ausgelösten Lammrücken ohne Fettschicht
Salz, frisch gemahlenen Pfeffer
1 EL Öl
200 g Weißbrot
1 Bund Petersilie
1 Bund Schnittlauch
1 Zweig Thymian
2 Eier
geriebene Muskatnuß
1 Eiweiß

Außerdem:

etwas Lammfond (Fertigprodukt)
4 Zweige Thymian oder Rosmarin zum Garnieren

So wird's gemacht:

1. Die Bohnenkerne waschen und in reichlich Salzwasser in etwa 40 Minuten weich kochen. In der Zwischenzeit den Knoblauch schälen und die Zehen halbieren. Den Lammrücken mit dem Knoblauch abreiben, mit Salz und Pfeffer würzen und in einem flachen Bräter etwa 5 Minuten von beiden Seiten im Öl anbraten, dann beiseite stellen. Den Backofen auf 200°C vorheizen.

2. Das Weißbrot entrinden, in Würfel schneiden und in der Küchenmaschine mit Messereinsatz fein zerkleinern. Die Kräuter waschen, trockentupfen, fein hacken und zum Weißbrot geben. Die Eier sorgfältig darunterrühren, so daß die Masse gut bindet. Alles mit Salz, Muskatnuß und etwas gepreßtem Knoblauch abschmecken.

3. Den Lammrücken mit dem Eiweiß bepinseln. Die Weißbrot-Kräuter-Masse darauf streichen und das Fleisch im Ofen bei Oberhitze etwa 10 Minuten überbakken. Den Herd abschalten und den Lammrücken noch etwa 5 Minuten ziehen lassen. Das Fleisch danach aus dem Ofen nehmen, mit Alufolie gut zudecken und noch einige Zeit ruhen lassen.

4. In der Zwischenzeit die Tomaten überbrühen, enthäuten, entkernen und pürieren. Die Zwiebel schälen, fein würfeln und in dem Öl anbraten. Das Tomatenpüree, etwas Salz und den Gewürzzweig hinzugeben, alles durchschwenken, kurz erhitzen und den Zweig wieder herausnehmen. Das Püree warm stellen.

5. Den Lammfond kurz erwärmen. Den Lammrücken in etwa 2 cm dicke Tranchen (Scheiben) schneiden. Die Bohnen abgießen. Das Tomatenpüree auf vorgewärmte Teller geben, die Bohnen darauf anrichten, das Fleisch anlegen und mit etwas Fond übergießen. Das Ganze mit dem Rosmarin- oder dem Thymianzweig garnieren und servieren.

Beilage:
In Folie gegarte Kartoffeln (150 g pro Portion) mit einem Klecks Schnittlauchquark.

PfundsKur-Tip
Anstelle der frischen grünen Bohnenkerne können auch getrocknete verwendet werden. Diese weicht man 3 bis 4 Stunden in reichlich Wasser ein und gart sie dann etwa 10 Minuten im Schnellkochtopf.

Unter einem Kompromiß versteht man die Kunst, einen Braten so aufzuteilen, daß jeder glaubt, er habe das beste und größte Stück bekommen.
Volksmund

Rainer Steng

Gekochte Lammschulter in fränkischer Meerrettichsauce

Fettaugen: 8

Zubereitungszeit: ca. 1 3/4 Stunden

Sie benötigen für 4 Portionen:

- 1 kg kleingehackte Lammknochen
- 800 g ausgelöste Lammschulter
- 1 Karotte
- 1/4 Sellerieknolle (ca. 100 g)
- 1 kleine Stange Lauch (ca. 100 g)
- 1 Petersilienwurzel
- 2 EL frisch geriebenen Meerrettich
- 200 g Schwarzbrot
- Salz
- geriebene Muskatnuß

So wird's gemacht:

1. Die Lammknochen in einen Topf geben und mit so viel Wasser übergießen, daß sie gerade bedeckt sind. Das Ganze aufkochen lassen, den Schaum abnehmen und die Brühe köcheln lassen.

2. Das Lammfleisch vom Fett befreien und nach 1/4 Stunde Kochzeit zu den Knochen geben. Das Ganze etwa 1 1/4 Stunden sanft köcheln lassen.

3. In der Zwischenzeit das Gemüse putzen, waschen und kleinschneiden. Etwa 1/2 Stunde vor Ende der Garzeit das Gemüse zum Fleisch geben.

4. Das Fleisch aus der Brühe nehmen und warm stellen. Die Brühe in einen zweiten Topf seihen, den Meerrettich etwa 5 Minuten darin kochen, das Brot zerkrümeln, dazugeben und alles unter Kochen glattrühren und anschließend fein pürieren. Die Meerrettichsauce mit Salz und Muskatnuß gut abschmecken.

5. Die Lammschulter in Tranchen (Scheiben) schneiden, auf vorgewärmte Teller geben und die Meerrettichsauce angießen.

Beilage:
Salzkartoffeln oder gedämpfte Kartoffeln (200 g pro Portion)

Hermann Mostar behauptet, Napoleon habe die Schlacht bei Leipzig verloren, weil er sich an deren drittem Tag derart an Lammkeule mit Knoblauch überfressen habe, daß ihm entsetzlich übel wurde, und daß somit einem Hammel das historische Verdienst an der deutschen Freiheit zukomme.

Karl Schempf

Gaisburger Marsch vom Reh

Fettaugen: 3

Zubereitungszeit: ca. 3/4 Stunden

Sie benötigen für 4 Portionen:

400 g Rehfleisch aus der Keule ohne Knochen
1 l Wildfond (Fertigprodukt)
einige gelbe Wirsingkohlblätter (ca. 80 g)
1 kleine Stange Lauch
2 kleine Karotten
2 mittelgroße weiße Zwiebeln
2 mittelgroße rote Zwiebeln
400 g Kartoffeln, Salz

Außerdem:

1 EL Schnittlauchröllchen

So wird's gemacht:

1. Das Rehfleisch in 1 x 1 cm große Würfel schneiden. Den Fond aufsetzen, aufkochen lassen, dann das Rehfleisch hineingeben und in 15 bis 20 Minuten gar ziehen lassen.

2. Während das Fleisch gart, das Gemüse putzen und waschen sowie die Zwiebeln und Kartoffeln schälen. Die Zwiebeln vierteln und in einzelne Lagen zerlegen. Die Wirsingblätter in kleine Rauten schneiden. Den Lauch schräg in schmale Ringe schneiden. Karotten und Kartoffeln in kleine Würfel schneiden.

3. Die Gemüsesorten nacheinander entsprechend ihrer Garzeit in reichlich Salzwasser weich kochen. Zum Schluß das ganze Gemüse in die Wildsuppe geben und alles nochmals erwärmen. Die Suppe auf tiefe Teller verteilen und mit dem Schnittlauch bestreuen.

Suppeneinlage:

Gekochte Vollkornspätzle (100 bis 120 g Rohgewicht für 4 Portionen)

PfundsKur-Tip

Die einzelnen Gemüse können auch entsprechend ihrer Garzeit nacheinander in die Rehbrühe gegeben und in ihr weich gekocht werden.

Gaisburger Marsch vom Reh: Nach diesem Rezept hätten sich die Einjährigen der Stuttgarter Bergkaserne bei ihrem Marsch durch die Gaisburger Bäckerschmiede die Finger geleckt.

Karl Handte

Hasenklößchen in Champignonrahm

Fettaugen: 8

Zubereitungszeit: ca. 1 Stunde
Kühlzeit: ca. 1 Stunde

Sie benötigen für 4 Portionen:

Für die Hasenklößchen:

2 Kaninchen- oder Wildhasenkeule (ca. 700 g)
Salz, frisch gemahlenen Pfeffer
1 mittelgroße Zwiebel
1 EL Öl
etwas frischen oder getrockneten Thymian
abgeriebene Schale von 1 unbehandelten Zitrone
1 Brötchen
3 EL Milch (1,5% Fett)
1 Ei

Für den Champignonrahm:

150 g frische Champignons
1 EL Butter
100 ml Gemüsebrühe (Instantprodukt)
100 g süße Sahne
Salz, frisch gemahlenen Pfeffer
1 TL Zitronensaft

So wird's gemacht:

1. Die Kaninchen- oder Hasenkeulen auslösen und das Fleisch von den Sehnen befreien. Das Fleisch salzen und pfeffern, auf einen großen flachen Teller legen und im Kühlfach etwa 1 Stunde leicht anfrosten lassen.

2. Die Zwiebel schälen, würfeln und in dem Öl leicht anbraten. Zwiebelwürfel, Thymian, Zitronenschale und das Hasenfleisch durch die feine Scheibe eines Fleischwolfs drehen.

3. Das Brötchen entrinden und für einige Zeit in der Milch einweichen. Es dann gut ausdrücken und zusammen mit dem Ei und der Hackfleischmasse in einer Küchenmaschine mit Messereinsatz kuttern. Die Masse mit Salz und Pfeffer abschmecken.

4. Mit einem Eßlöffel von der Hasenfleischmasse Klößchen abstechen und diese in reichlich leicht gesalzenem siedendem Wasser etwa 1/4 Stunde köcheln lassen.

5. In der Zwischenzeit die Champignons waschen, putzen und blättrig schneiden. Die Pilzscheiben in einer Pfanne in der Butter anbraten. Die Gemüsebrühe hinzufügen und alles etwas einkochen lassen. Die Sahne darunterziehen und alles mit Salz, Pfeffer und Zitronensaft abschmecken. Den Champignonrahm etwas einkochen lassen.

6. Die Hasenklößchen aus dem Wasser nehmen, etwas abtropfen lassen, auf vorgewärmten Tellern anrichten und den Champignonrahm angießen.

Beilage:

Gedämpfter Reis (50 g Rohgewicht pro Portion) und gedämpfte Brokkoliröschen (200 g pro Portion)

200 nach Chr. sagte Galen: „Das Fleisch des Hasen verhindert Dickwerden, fördert den Schlaf und reinigt das Blut."

Karl J. Haaf

Schwäbischer Kartoffelauflauf mit Lachsforelle

Fettaugen: 11

Zubereitungszeit: ca. 1 1/2 Stunden

Sie benötigen für 4 Portionen:

1,1 kg Kartoffeln
5 mittelgroße Zwiebeln (ca. 200 g)
200 g Lachsforellenfilets
3 EL Butter
Salz
frisch gemahlenen Pfeffer
2 Eier
200 g süße Sahne

Außerdem:

1 TL Butter für die Form

So wird's gemacht:

1. Den Backofen auf 160°C vorheizen. Die Kartoffeln schälen, waschen und in 2 bis 3 mm dünne Scheiben schneiden oder hobeln. Die Zwiebeln schälen und würfeln. Das Lachsfleisch in etwa 1 x 1 cm große Würfel schneiden und zusammen mit den Zwiebeln in der Butter in einer beschichteten Pfanne leicht anbraten.

2. Eine Auflaufform mit der Butter ausfetten. Abwechselnd Kartoffelscheiben und Lachs-Zwiebel-Mischung hineinschichten. Dabei jede Schicht mit Salz und Pfeffer würzen.

3. Die Eier mit der Sahne verschlagen und den Guß gleichmäßig auf dem Auflauf verteilen. Den Kartoffelauflauf im Ofen etwa 40 Minuten garen.

4. Den Auflauf aus dem Ofen nehmen, einige Minuten ruhen lassen, in Portionen aufteilen, auf Teller geben und servieren.

Beilage:

Gemischter Blattsalat mit einer einfachen Vinaigrette (1 TL Öl pro Portion)

Johann Kopp

Aichtaler Wirsing-Hecht-Roulade auf Kartoffelsauce

Fettaugen: 9

Zubereitungszeit: ca. 1 3/4 Stunden
Kühlzeit: ca. 1/2 Stunde

Sie benötigen für 4 Portionen:

Für die Rouladen:

300 g Hechtfilets ohne Haut
200 g kalte süße Sahne
Salz
weißen Pfeffer
1 kleinen jungen Wirsingkopf (ca. 800 g)

Für die Sauce:

3 mittelgroße Zwiebeln (ca. 100 g)
260 g Kartoffeln
1 EL Butter
200 ml Fischbrühe oder -fond (Fertigprodukt)
100 g süße Sahne
Salz
weißen Pfeffer
geriebene Muskatnuß
1 Zweig Thymian

So wird's gemacht:

1. Die Fischfilets auf einen großen flachen Teller legen und etwa 1/2 Stunde im Tiefkühlfach anfrosten lassen. Das Fischfleisch dann zweimal durch die feine Scheibe eines Fleischwolfs drehen und mit der Sahne, etwas Salz und wenig Pfeffer in einer Küchenmaschine mit Messereinsatz kuttern.

2. Den Wirsingkohl putzen, waschen und 6 bis 8 schöne große Kohlblätter in reichlich kochendem Salzwasser kurz blanchieren, dann beiseite legen und erkalten lassen.

3. Den restlichen Wirsing in feine Streifen schneiden, diese in dem Salzwasser weich kochen und abkühlen lassen. Die Kohlstreifen unter die Fisch-Sahne-Masse rühren.

4. Die Wirsing-Hecht-Masse auf den Kohlblättern verteilen und diese zu 4 festen Rouladen wikkeln. Jede Roulade mit einem entsprechend großen Stück Alufolie fest umschließen und im Wasserbad etwa 1/2 Stunde pochieren.

5. In der Zwischenzeit Zwiebeln und Kartoffeln schälen und in Würfel schneiden. Die Zwiebeln in der Butter andünsten, dann die Kartoffeln hinzufügen. Fischbrühe und Sahne angießen, das Ganze würzen, den Thymianzweig hinzugeben und alles gar kochen.

6. Den Thymianzweig entfernen. Einen Teil der gegarten Kartoffelwürfel aus der Brühe nehmen und beiseite stellen. Die restlichen Kartoffeln pürieren und die entstehende Sauce abschmecken. Die Wirsing-Hecht-Rouladen aus der Folie nehmen und in Scheiben schneiden.

7. Die Kartoffelsauce auf Teller geben, die Wirsing-Hecht-Rouladenscheiben darauf setzen, die Kartoffelwürfel daneben anrichten.

Die Hechte werden in den Teich gesetzt, damit die anderen Fische nicht faul werden.
Volksmund

Volker Sammet

Rauchforellenfilet auf Blattspinat

Fettaugen: 3

Zubereitungszeit: ca. 35 Minuten

Sie benötigen für 4 Portionen:

3 Schalotten
8 Rauchforellenfilets à 80 g
600 g frischen Blattspinat
1 EL Butter
Salz, frisch gemahlenen Pfeffer
2 EL Crème fraîche

So wird's gemacht:

1. Den Backofen auf 150°C vorheizen. Die Schalotten fein hacken. Die Forellenfilets von der Haut und den Gräten befreien und in einer beschichteten Pfanne mit einem Drittel der Schalottenwürfel anschwitzen. Das Ganze mit etwa 300 ml Wasser ablöschen und die Flüssigkeit auf die Hälfte einkochen lassen. Die Fischfilets herausnehmen und den Sud in eine Schüssel abseihen.
2. Den Blattspinat putzen, waschen und kurz in siedendem Wasser blanchieren. Die Forellenfilets auf ein mit Backpapier ausgelegtes Backblech geben und im Ofen etwa 5 Minuten lang erwärmen.
3. Die restlichen Schalotten in der Butter anschwitzen und den Spinat dazugeben. Nach Belieben etwas Fischsud angießen. Das Ganze würzen und die Crème fraîche darunterheben.
4. Den Spinat auf vier vorgewärmte Teller geben, die Forellen darauf anrichten und servieren.

Beilage:
Gedämpfte Kartoffeln oder Salzkartoffeln (200 g pro Portion)

Thomas Zierhut

Gedünstetes Zanderfilet an Fenchelgemüse

Fettaugen: 4

Zubereitungszeit: ca. 3/4 Stunden

Sie benötigen für 4 Portionen:

4 Zanderfilets à 150 g
Saft von 1 Zitrone
Salz
2 große Fenchelknollen (ca. 500 g)
4 kleine junge Karotten mit Grün
12 Zuckerschoten (zarte Erbsschoten)
5 EL Butter
frisch gemahlenen Pfeffer

So wird's gemacht:

1. Die Fischfilets waschen, mit Küchenkrepp abtupfen, mit Zitronensaft beträufeln und salzen.
2. Das Gemüse putzen, waschen und die Fenchelknolle in dünne Scheiben schneiden. Die harten Teile des Strunks entfernen. Die Fenchelscheiben in 4 Eßlöffel Butter anschwitzen und würzen. Die Fischfilets darauf legen und das Ganze abgedeckt etwa 5 Minuten dünsten lassen.
3. Während der Fisch gart, die Karotten und die Zuckerschoten nacheinander in wenig kochendem Salzwasser kurz blanchieren und jeweils in eiskaltem Wasser abschrecken. Das Gemüse in der restlichen zerlassenen Butter schwenken.
4. Den Fenchel auf vorgewärmte Teller geben, das Zanderfilet anlegen, Karotten sowie Zuckerschoten dazugeben und servieren.

Beilage:
Petersilienkartoffeln (200 g pro Portion)

Friedrich Nagel

Kabeljau im Fenchelbett

Fettaugen: 5

Zubereitungszeit: ca. 3/4 Stunden

Sie benötigen für 4 Portionen:

600 g Fenchel
1 Zwiebel
Salz
frisch gemahlenen Pfeffer
edelsüßes Paprikapulver
4 Scheiben Kabeljau à 180 g
60 g Butter

Außerdem:

1 TL Butter für die Form

So wird's gemacht:

1. Den Backofen auf 200°C vorheizen. Den Fenchel waschen und putzen. Das Fenchelgrün abschneiden, fein hacken und zur Seite stellen. Die Knollen halbieren und in feine Streifen schneiden.
2. Die Zwiebel schälen, fein hacken, mit dem Fenchel mischen, mit Salz, Pfeffer und Paprika würzen. Eine feuerfeste Form mit der Butter ausfetten und die Fenchel-Zwiebel-Masse hineingeben.
3. Die Kabeljaustücke mit Salz und Pfeffer würzen und in die Form auf das Gemüse legen. Das Ganze mit 6 Eßlöffeln Wasser übergießen, die Butter in Flocken daraufsetzen und die Form mit Alufolie abdecken. Das Ganze im Ofen 25 bis 30 Minuten garen.
4. Fenchelgemüse und Fisch auf vier vorgewärmte Teller geben, das Fenchelgrün darüberstreuen und servieren.

Beilage:
Petersilienkartoffeln oder Kartoffelschnee (200 g pro Portion)

Jürgen Koch

Heilbuttschnitte im Kartoffel-Gurken-Sud

Fettaugen: 1

Zubereitungszeit: ca. 1 Stunde

Sie benötigen für 4 Portionen:
600 g festkochende Kartoffeln
2 kleine Karotten
1 kleine Sellerieknolle (ca. 100 g)
1 Lorbeerblatt
6–8 Wacholderbeeren
¼ l Kalbsbrühe oder -fond (Fertigprodukt)
¼ l Apfelsaft
1 große Salatgurke
4 Heilbuttschnitten à 180 g
Salz
Pfeffer
geriebene Muskatnuß
etwas Zitronensaft
etwas gehackten Borretsch
etwas gehacktes Selleriegrün
100 g Joghurt (1,5% Fett)

So wird's gemacht:

1. Die Kartoffeln, die Karotten und den Sellerie schälen, waschen und in 3 bis 4 mm dünne Scheiben schneiden oder hobeln. Lorbeerblatt und Wacholderbeeren in ein Leinensäckchen einpacken. Kalbsfond, Apfelsaft, Gewürzsäckchen und die Gemüsescheiben in einen Topf geben und alles langsam garen.

2. In der Zwischenzeit die Gurke waschen, schälen, halbieren und die Kerne mit einem Löffel herauskratzen. Die Gurkenhälften in 2 bis 3 mm dünne Scheiben schneiden oder hobeln.

3. Die Heilbuttschnitten in einen flachen großen Topf legen und die Gurkenscheiben darauf verteilen. Das Gewürzsäckchen aus dem Kartoffelsud nehmen und diesen mit Salz, Pfeffer, Muskatnuß und Zitronensaft abschmecken. Sud, Kartoffeln und Gemüse über den Fisch geben.

4. Den Heilbutt auf kleiner Flamme langsam gar ziehen lassen. Ganz zum Schluß die gehackten Kräuter und den Joghurt darübergeben.

5. Die Heilbuttschnitten auf vorgewärmten Tellern anrichten, die Gurken und etwas vom Gemüse dazugeben.

PfundsKur-Tip

Soll der Sud einen besonders kräftigen Geschmack bekommen, kann er mit Safran und Knoblauch gewürzt werden.

Andreas Fecker

Saiblingsfilet aus dem Gemüsesud

Fettaugen: 2

Zubereitungszeit: ca. 1/2 Stunde

Sie benötigen für 4 Portionen:
2 kleine Karotten
1 kleine Stange Lauch
1 kleine Sellerieknolle (ca. 100 g)
Salz
1 Lorbeerblatt
Saft von 1 Zitrone
4 Saiblingsfilets à 120 g

So wird's gemacht:

1. Karotten, Lauch und Sellerie putzen, waschen und in feine Streifen schneiden. In einem Topf 1/4 Liter Wasser mit Salz, dem Lorbeerblatt und der Hälfte des Zitronensafts zum Kochen bringen. Die Gemüsestreifen hineingeben und kurz kochen lassen. Sie sollen noch Biß haben.

2. In der Zwischenzeit die Saiblingsfilets mit Salz und Zitronensaft einreiben. Den Gemüsesud von der Kochstelle nehmen und die Fischfilets hineinlegen. Den Fisch bei geschlossenem Topf 8 bis 10 Minuten ziehen lassen.

3. Die Fischfilets auf vorgewärmte Teller geben, etwas von den Gemüsestreifen dazugeben und servieren.

Beilage:
Salzkartoffeln (200 g pro Portion) und Tomatensalat mit einfacher Vinaigrette (1 TL Öl pro Portion) und einigen Blättchen Basilikum.

PfundsKur-Tip

Auf die gleiche Weise können auch Forellenfilets oder Lachsfilets zubereitet werden.

Karl-Heinz Manske

Äschenfilets mit feinen Kräutern aus der Folie

Fettaugen: 8

Zubereitungszeit: ca. 3/4 Stunden

Sie benötigen für 4 Portionen:

Für den Fisch:

4 Meeräschen à 300 g
(vom Fischhändler filetieren lassen)
Salz, etwas Zitronensaft
1 EL gehackte Petersilie
1 EL gehackten Sauerampfer
1 EL Schnittlauchröllchen
1 EL gehackten Dill
1 EL gehackten Kerbel

Für die Sauce:

200 g saure Sahne (10% Fett)
1 TL Schnittlauchröllchen
1 TL gehackten Kerbel
1 TL gehackten Dill
Salz, frisch gemahlenen Pfeffer

So wird's gemacht:

1. Den Backofen auf 150°C vorheizen. Die Äschenfilets waschen und gut trockentupfen. Den Fisch mit Salz und Zitronensaft würzen und je ein Filet auf ein entsprechend großes Stück Alufolie legen.

2. Die Kräuter mischen und darüberstreuen. Alles gut verschließen und den Fisch im Ofen auf dem Kuchenrost in etwa 12 Minuten garen.

3. In der Zwischenzeit die saure Sahne und die Kräuter zu einer glatten Sauce verrühren. Diese mit Salz und Pfeffer abschmecken.

4. Die Fischfilets aus der Folie nehmen, auf vorgewärmte Teller legen, die Sauce dazugeben und das Ganze servieren.

Beilage:

Pellkartoffeln (200 g pro Portion) und ein Blattsalat mit einfacher Vinaigrette (1 TL Öl pro Portion)

Otto Assenheimer

Kräuterforelle in Folie

Fettaugen: 5

Zubereitungszeit: ca. 3/4 Stunden

Sie benötigen für 4 Portionen:

- 4 frische ausgenommene Forellen
- Saft von 1 Zitrone
- Salz
- frisch gemahlenen Pfeffer
- 2 Bund Dill
- 1 Bund Petersilie
- 4 EL Butter

So wird's gemacht:

1. Den Backofen auf 200°C vorheizen. Die Forellen waschen, trockentupfen, mit Zitronensaft beträufeln, mit Salz und Pfeffer würzen.

2. Die Kräuter waschen, trockenschleudern, hacken und den Großteil in die Forellen füllen.

3. Entsprechend große Stücke Alufolie zuschneiden, die Butter zerlassen, die Folie damit bestreichen, die Forellen darauf legen, mit den restlichen Kräutern bestreuen und die Fische fest in die Alufolie einwickeln.

4. Die Fische im Ofen auf dem Kuchengitter 25 bis 30 Minuten garen. Die Forellen aus der Folie nehmen, auf vorgewärmte Teller geben und servieren.

Beilage:
Salzkartoffeln (200 g pro Portion) und grüner Salat mit einfacher Vinaigrette (1 TL Öl pro Portion)

„Schwer nur läßt sich ein Staat erhalten, in dem ein Ochse billiger ist als ein Fisch."
Cato d. Ältere

Abendessen

Nicht alles, was der Volksmund überliefert hat, paßt noch in unsere Zeit, aber in diesem Spruch liegt mehr als ein Körnchen Wahrheit: „Frühstücke wie ein König, esse zu Mittag wie ein Bürgersmann und nachtmahle wie ein Bettler!" Also soll man zum Ende des Tages möglichst leichte und leichtverdauliche Speisen bevorzugen, die unsere verdiente Nachtruhe nicht belasten und schwere Träume nicht begünstigen. Man kann gut oder schlecht essen, viel oder wenig, man sollte seine Mahlzeiten aber nie so behandeln, als ob man Kohle in einen Ofen schaufelt. Jede Speise muß zu körperlicher Erneuerung führen – und zu geistiger Entspannung. „Einem fröhlichen Menschen schmeckt alles wohl", sagt der große Brillat Savarin. Die Entdeckung eines neuen Gerichts – wir hoffen, daß dieses Buch Ihnen dazu verhilft –, das trotz gewisser Einschränkung unseren Appetit erhält und uns Genuß vermittelt, ist ein viel interessanteres Ereignis als die Entdeckung eines neuen Sterns.

Übrigens: Feinschmecker werden niemals fett! Fast ausnahmslos behalten sie ihre schlanke Figur, sie sind höchstens „innerlich gut durchwachsen". Sie erreichen meist ein gesegnetes Alter und sehen jünger aus, als sie sind. Denn der wahre Feinschmecker ist ja kein Vielfraß. Er zieht ein paar ausgewählte, seinen körperlichen Bedürfnissen angepaßte, mit Liebe und Sachverstand zubereitete Speisen jedem pompösen Schlemmermahl vor.

Norbert Vögele

Vollkornflädle mit Gemüsefüllung und Käsesauce

Fettaugen: 6

Zubereitungszeit: ca. 1 Stunde

Sie benötigen für 4 Portionen:

Für die Füllung:

ca. 100 g Blumenkohl
ca. 100 g Brokkoli
1 kleine Stange Lauch
2 kleine Karotten
½ kleine Aubergine
1 kleinen Zucchino
1 EL Öl
Salz
frisch gemahlenen Pfeffer

Für den Teig:

100 g Roggenvollkornmehl
2 Eier
¼ l Milch (1,5% Fett)
1 EL gemischte gehackte Kräuter (Petersilie, Estragon, Kerbel, Basilikum)
1 Prise Salz
etwas geriebene Muskatnuß

Für die Sauce:

½ kleine Zwiebel
1 ½ EL Margarine
1 ½ EL Weizenmehl
¼ l Gemüsebrühe (Instantprodukt)
80 g geriebenen Parmesan (32% i. Tr.)
Salz
frisch gemahlenen Pfeffer

Außerdem:

1 EL Butter für die Form

So wird's gemacht:

1. Das Gemüse putzen und waschen. Blumenkohl und Brokkoli in Röschen teilen und das übrige Gemüse in sehr kleine Würfel schneiden. Die Gemüsewürfel in einer Pfanne mit Deckel im heißen Öl anbraten, dann Blumenkohl- und Brokkoliröschen dazugeben. Das Ganze salzen und pfeffern, mit wenig Wasser ablöschen und zugedeckt in etwa ¼ Stunde gar dünsten.

2. Die Zutaten für den Flädleteig in eine Schüssel geben und zu einem glatten Teig verarbeiten. Daraus in einer kleinen beschichteten Pfanne (etwa 20 cm Durchmesser) Flädle backen und warm stellen.

3. Den Backofen auf 200°C vorheizen. Die Zwiebel für die Sauce schälen, fein würfeln und in der Margarine glasig dünsten. Das Mehl darüberstreuen, das Ganze mit der Brühe ablöschen und kräftig glattrühren. Die Sauce etwa 10 Minuten kochen lassen, am Schluß den Parmesan einrühren und alles mit Salz und Pfeffer abschmecken.

4. Die Gemüsefüllung auf die Flädle verteilen, diese einschlagen, in eine mit Butter ausgefettete feuerfeste Form legen, die Käsesauce darübergießen und das Ganze im Ofen 5 bis 10 Minuten gratinieren. Die fertigen Flädle auf vier Teller geben und servieren.

Wußten Sie, daß unsere Flädle im Französischen „Célestines" heißen? Aber dort schneidet man die salzigen nur in die Suppe und entbehrt der hierzulande so beliebten gefüllten, von denen es nota bene über hundert verschiedene Arten geben soll.

Rainer Steng

Flädle mit Steinchampignon-Blattspinat-Füllung

Fettaugen: 5

Zubereitungszeit: ca. 40 Minuten

Sie benötigen für 4 Portionen:

Für den Teig:

100 g Weizenmehl
1 Ei, 1 Prise Salz
ca. 1/4 l Milch (1,5% Fett)

Für die Füllung:

450 g frischen Blattspinat
250 g frische Steinchampignons
1 TL fein gewürfelte Zwiebel
1 EL Öl
Salz, frisch gemahlenen Pfeffer
120 g gereifter, fester Ricotta (45% i. Tr.)
1 EL Sonnenblumenkerne (ca. 10 g)

So wird's gemacht:

1. Den Backofen auf 180°C vorheizen. Die Zutaten für die Flädle in eine Schüssel geben und daraus einen Teig herstellen. In einer beschichteten Pfanne ohne Öl aus dem Teig Flädle backen und diese warm stellen.

2. Den Spinat verlesen, putzen, waschen und in reichlich kochendem Wasser kurz blanchieren. Die Champignons putzen, waschen, in Viertel schneiden und mit den Zwiebelwürfeln im heißen Öl andünsten. Den Spinat dazugeben, das Ganze mit Salz und Pfeffer würzen und fertigdünsten.

3. Inzwischen den Ricotta würfeln, die Sonnenblumenkerne in einer Pfanne trocken rösten und beides unter die Pilz-Spinat-Masse geben.

4. Die Füllung auf die Flädle verteilen, diese einschlagen, dann auf vier Teller legen, die gefüllten Flädle im Ofen nochmals etwa 10 Minuten erhitzen.

Rolf Handte

Gemüseauflauf

Fettaugen: 3

Zubereitungszeit: ca. 1 1/4 Stunden

Sie benötigen für 4 Portionen:
50 g Langkornreis, Salz
300 g gemischte Keime und Sprossen (Azukibohnen, Linsen, weiße Bohnen, Kichererbsen, Mungobohnen oder andere)
1 kleines Stück Sellerieknolle
1/2 kleine Lauchstange
1 kleine Karotte
1 Zwiebel, 2 EL Distelöl
1 EL Tomatenmark
150 ml Fleischbrühe (Instantprodukt)
frisch gemahlenen Pfeffer
Knoblauchpulver
Curry nach Belieben
50 g geräucherte Truthahnbrust
80 g griechischen Schafskäse (40% Fett i. Tr.)

So wird's gemacht:

1. Den Reis in leicht gesalzenem Wasser garen und abgießen. Den Backofen auf 180°C vorheizen.

2. Während der Reis gart, die Keime und Sprossen waschen und abtropfen lassen. Das Gemüse putzen und waschen, die Zwiebel schälen. Sellerie und Zwiebel fein würfeln. Den Lauch in feine Ringe schneiden und die Karotte fein raspeln.

3. Das Öl in einem Topf erhitzen, die Zwiebel darin leicht anbraten, das übrige Gemüse dazugeben, kurz dünsten, dann die Keime und Sprossen daruntermischen. Das Tomatenmark dazugeben, alles mit der Fleischbrühe ablöschen und würzen. Das Ganze bei geschlossenem Topf kurz dünsten.

4. Inzwischen die Truthahnbrust in Streifen und den Schafskäse in Würfel schneiden. Beides zusammen mit dem Reis unter das Gemüse mischen. Die Masse in eine Auflaufform geben und das Ganze etwa 1/2 Stunde im Ofen backen.

5. Den Gemüseauflauf aus dem Ofen nehmen, kurz ruhen lassen, in vier Portionen aufteilen, auf Teller geben und servieren.

PfundsKur-Tip

Gemüse, Keime und Sprossen können je nach Saison und persönlicher Vorliebe durch andere Sorten, wie zum Beispiel Zucchini, Auberginen, Erbsen, Sojakeime, Radieschensprossen oder Rettichkeime, ersetzt werden.

Klaus Kälber

Gemüsepfanne

Fettaugen: 2

Zubereitungszeit: ca. 3/4 Stunden

Sie benötigen für 4 Portionen:

1 kleine Zwiebel
1/2 kleine rote Paprikaschote
1/2 kleine gelbe Paprikaschote
1/2 kleine grüne Paprikaschote
2 kleine Karotten
ca. 100 g Weißkraut
ca. 100 g Wirsingkohl
1 mittelgroßen Zucchino
1/2 kleine Stange Lauch
ca. 50 g Champignons
2 EL Olivenöl
1 Prise Salz
frisch gemahlenen Pfeffer
1 Prise Zucker
1 TL Currypulver
gepreßten Knoblauch nach Belieben
5 EL Gemüsebrühe (Instantprodukt)

Außerdem:

4 Schrotbrötchen

So wird's gemacht:

1. Die Zwiebel schälen und fein würfeln. Das Gemüse putzen, waschen und in gleichmäßige, etwa 1/2 cm breite und etwa 2 cm lange Streifen schneiden. Die Champignons putzen, waschen und blättrig schneiden.

2. Das Olivenöl in einer hohen Pfanne mit Deckel erhitzen. Die Zwiebelwürfel hinzufügen und glasig dünsten. Anschließend das ganze Gemüse und die Pilze dazugeben. Alles mischen, mit Salz, Pfeffer, Zucker, Curry und Knoblauch würzen. Dann mit der Gemüsebrühe ablöschen und das Ganze zugedeckt 7 bis 8 Minuten schmoren lassen.

3. Den Deckel von der Pfanne nehmen, die Flüssigkeit einkochen lassen, das Gemüse auf vier Teller verteilen und zusammen mit den Brötchen servieren.

PfundsKur-Tip

Werden der Gemüsepfanne angebratene Putenbruststreifen, gedünstete Fischfiletstückchen oder Tiefseegarnelen beigefügt, ergibt das Gericht zusammen mit einer Stärkebeilage eine Hauptmahlzeit. Achtung: Die Fettaugenzahl steigt entsprechend der verwendeten Fleisch- oder Fischmenge an.

Thomas Walker 1835: „Es ist wohl mit der größte Luxus, beim Essen eine reiche Auswahl von Gemüsen zu haben und jedes gut zubereitet. Leider bekommt man es nur dann, wenn es vor seiner Zeit ist, also besonders rar, besonders teuer und noch längst nicht besonders gut." Wir Glücklichen haben die Tiefkühltruhe. Aber die saisonal bedingte Frische sollte uns oberstes Gebot sein!

Otto Assenheimer

Kartoffelkuchen

Fettaugen: 4

Zubereitungszeit: ca. 1 1/4 Stunden
Zeit zum Gehen: ca. 40 Minuten

Sie benötigen für 4 Portionen:

Für den Belag:
250 g Kartoffeln
Salz
2 Eier
1/4 l Milch (1,5% Fett)
1/2 dickere Scheibe Corned beef
(ca. 20 g)

Für den Teig:
150 g Weizenmehl
ca. 10 g frische Hefe
1/8 l lauwarme Milch (1,5% Fett)
1 EL Margarine
1 Ei
Salz

Außerdem:
2 EL Schnittlauchröllchen

So wird's gemacht:
1. Die Kartoffeln schälen, waschen, in Salzwasser garen, abgießen und erkalten lassen. Die Kartoffeln anschließend durch eine Kartoffelpresse geben.
2. Während die Kartoffeln auskühlen, das Mehl für den Teig in eine Schüssel sieben, eine Mulde hineindrücken, die Hefe hineinbröseln und mit einem Teil der Milch auflösen. Den Vorteig zugedeckt an einem warmen Ort etwa 10 Minuten gehen lassen.
3. Die Margarine zerlassen. Die restliche Milch, das Ei, Salz und die Margarine zum Vorteig geben. Alles mit einem Holzlöffel kräftig vermengen, gut durchkneten, zudekken und an einem warmen Ort etwa 1/2 Stunde gehen lassen. Den Backofen auf 200°C vorheizen.
4. Während der Teig geht, die Kartoffelmasse mit den Eiern sowie der Milch vermischen, mit Salz abschmecken. Das Corned beef in kleine Würfel schneiden. Eine Springform (28 cm Durchmesser) mit Backpapier auslegen.
5. Den Hefeteig nochmals durchschlagen, ausrollen und in die Springform legen. Dabei einen kleinen Rand formen. Den Kartoffelbelag auf dem Teig verteilen. Ihn etwa 20 Minuten im Ofen backen. Nach der Hälfte der Garzeit die Fleischwürfel und die Schnittlauchröllchen über den Kuchen streuen.
6. Den Kartoffelkuchen aus dem Ofen nehmen, kurz ruhen lassen, aufschneiden, auf vier Teller geben und servieren.

Andreas Fecker

Kartoffel-Brokkoli-Strudel mit Joghurtsauce

Fettaugen: 4

Zubereitungszeit: ca. 1 1/2 Stunden
Kühlzeit: ca. 2 Stunden

Sie benötigen für 4 Portionen:

Für den Strudelteig:
150 g Weizenmehl
1 EL Öl, 1 Eigelb
Salz

Für die Füllung:
400 g Kartoffeln, Salz
250 g Brokkoli
1 Ei
geriebene Muskatnuß

Für die Sauce:
200 g Joghurt (1,5% Fett)
2 EL Schnittlauchröllchen
Salz, frisch gemahlenen Pfeffer
etwas Zitronensaft

Außerdem:
2 EL Butter zum Bestreichen
des Strudels

So wird's gemacht:
1. Das Mehl in eine Schüssel geben, Öl, Eigelb, etwas Salz sowie 3 bis 4 Eßlöffel Wasser hinzufügen und alles zu einem glatten Teig verkneten. Diesen mit Frischhaltefolie abdecken und etwa 2 Stunden kühl stellen.
2. Die Kartoffeln schälen, in Salzwasser garen und abgießen. Den Backofen auf 190°C vorheizen. Die Brokkoli putzen, waschen und in kleine Röschen teilen. Diese in kochendes Salzwasser geben, bißfest garen und unter kaltem Wasser abschrecken.
3. Die Kartoffeln durch eine Kartoffelpresse drücken. Das Ei zum Kartoffelschnee geben, mit Salz und Muskatnuß würzen und alles gut verrühren.
4. Den Strudelteig zunächst auf einem bemehlten Tuch ausrollen, dann mit den Handrücken hauchdünn ausziehen. Etwa die Hälfte der Kartoffelmasse auf einem Drittel des Teiges verteilen, dabei einen Rand lassen. Die Brokkoliröschen darauf legen und mit dem Rest der Kartoffelmasse bedecken.
5. Den Strudel zusammenrollen. Dazu das Tuch an der Seite, auf der sich die Füllung befindet, leicht anheben. Den Strudel auf ein mit Backpapier ausgelegtes Backblech legen. Die Butter zerlassen und den Strudel damit bestreichen.
6. Den Strudel etwa 25 Minuten im Ofen backen. Inzwischen den Joghurt mit dem Schnittlauch glattrühren, das Ganze mit Salz, Pfeffer und Zitronensaft würzen. Den Strudel aus dem Ofen nehmen, kurz ruhen lassen, in vier Portionen aufteilen, auf Teller setzen, die Joghurtsauce dazugeben und das Ganze servieren.

Klaus-Dieter Land

Auberginen mit Kartoffelfächer auf Tomaten-Basilikum-Sauce

Fettaugen: 5

Zubereitungszeit: ca. 1 Stunde

Sie benötigen für 4 Portionen:

Für die Auberginen:

1 Zwiebel
1 Knoblauchzehe
2 mittelgroße Auberginen
Salz
frisch gemahlenen Pfeffer
1 EL Olivenöl
200 g Lamm- oder Rinderhackfleisch
1 Ei
2 EL fein gehackte Petersilie
2–3 mittelgroße Kartoffeln
ca. 200 ml Gemüsebrühe (Instantprodukt)

Für die Sauce:

2 Karotten
½ Stange Lauch
1 kleine Zwiebel
2 Knoblauchzehen
1 EL Olivenöl
3 EL Tomatenmark
¾ l Gemüsebrühe (Instantprodukt)
1 Bund Basilikum
5 vollreife Tomaten
Salz
frisch gemahlenen Pfeffer

Außerdem:

einige Blättchen Basilikum zum Garnieren

So wird's gemacht:

1. Den Backofen auf 150°C vorheizen. Zwiebel und Knoblauch schälen und fein hacken. Die Auberginen putzen, waschen, halbieren, mit einem spitzen Löffel leicht aushöhlen, salzen und pfeffern. Das herausgekratzte Fruchtfleisch fein hacken und mit den Zwiebelsowie den Knoblauchwürfeln in einer Pfanne im heißen Öl anschwitzen. Das Ganze beiseite stellen und erkalten lassen.

2. Aus dem Hackfleisch unter Zugabe von Salz, Pfeffer, dem Ei und der Petersilie eine lockere Masse herstellen. Das Auberginenfruchtfleisch der Hackmasse beimengen. Die Auberginenhälften mit der Hackfleischmasse füllen.

3. Die Kartoffeln schälen, waschen und in etwa 3 mm dünne Scheiben schneiden oder hobeln. Diese schuppenartig auf die Auberginen legen. Die Auberginen in eine feuerfeste Form oder in einen Bräter setzen und die Gemüsebrühe angießen. Das Ganze mit Alufolie gut abdecken und die Auberginen im Ofen etwa 45 Minuten garen. Dabei bei Bedarf etwas Brühe nachgießen.

4. In der Zwischenzeit die Karotten und den Lauch putzen, waschen und kleinschneiden. Die Zwiebel und den Knoblauch schälen, fein würfeln und zusammen mit dem Gemüse im heißen Öl andünsten. Das Tomatenmark hinzufügen und alles kurz weiterdünsten. Dann das Ganze mit der Brühe auffüllen und so lange kochen, bis das Gemüse gar ist.

5. Das Basilikum waschen, die Blätter von den Stengeln zupfen, trockentupfen und fein schneiden. Die Tomaten überbrühen, enthäuten, vierteln, von den Stielansätzen befreien und entkernen. Das Gemüse mit der Brühe und den Tomaten in einem Mixer oder mit einem Pürierstab zu einer feinen Sauce pürieren. Die Tomatensauce nochmals aufkochen, mit Salz und Pfeffer abschmecken und das Basilikum einrühren.

6. Die Auberginen aus dem Ofen nehmen, kurz ruhen lassen, auf vier Teller setzen, die Tomatensauce angießen, das Ganze mit den Basilikumblättchen garnieren und servieren.

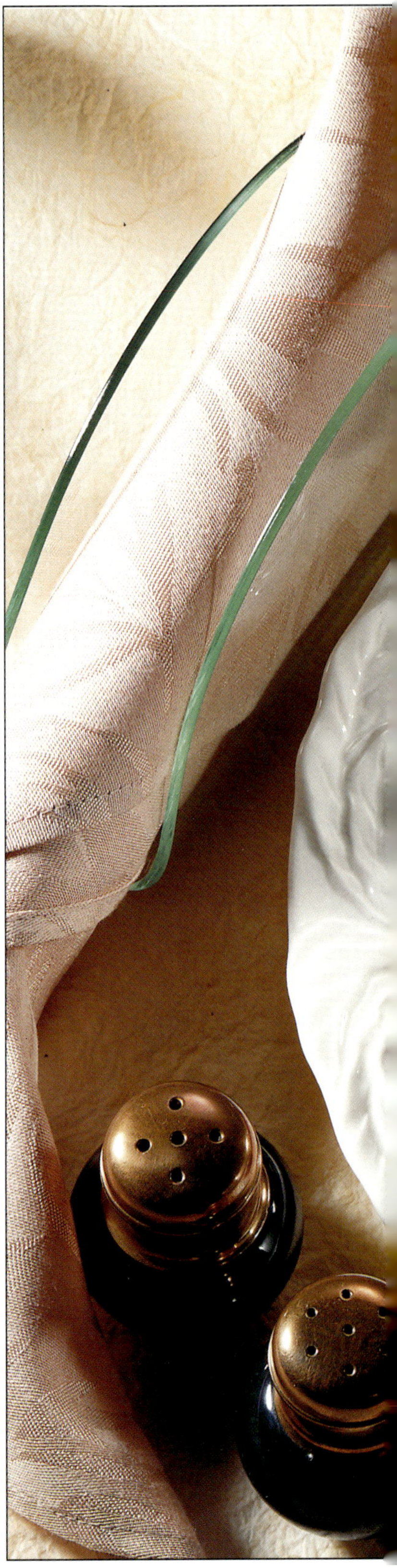

Johann Kopp

Kräuter-Quark-Nockerln auf geschmolzenen Tomaten

Fettaugen: 4

Zubereitungszeit: ca. 40 Minuten
Ruhezeit: ca. 1 Stunde

Sie benötigen für 4 Portionen:

Für die Nockerln:

300 g Schichtkäse (20% Fett i. Tr.)
1 kleine Zwiebel
150 g Grünkerngrieß oder feines -schrot
1 kleines Bund Petersilie
½ Bund Majoran
4 Eigelb
1 EL Speisestärke
Salz
geriebene Muskatnuß

Für die Tomaten:

600 g reife Fleischtomaten
½ Knoblauchzehe
1 kleine Zwiebel
1 EL Distelöl
Salz, frisch gemahlenen Pfeffer

So wird's gemacht:

1. Den Schichtkäse in ein Tuch geben und gut abtropfen lassen. Die Zwiebel schälen und würfeln. Den Grünkerngrieß oder -schrot kurz in einer beschichteten Pfanne trocken anrösten. Die Zwiebelwürfel dazugeben, kurz mitrösten, alles von der Herdplatte nehmen und abkühlen lassen.

2. Die Kräuter waschen, trockentupfen und fein hacken. Kräuter, Schichtkäse, Grünkernmasse und Eigelbe gut verrühren. Die Speisestärke darunterrühren. Die Masse mit Salz und Muskatnuß abschmecken und etwa 1 Stunde ruhen lassen.

3. Mit einem Eßlöffel Nockerln von der Schichtkäse-Grünkern-Masse abstechen und diese etwa 20 Minuten in reichlich leicht siedendem Salzwasser ziehen lassen.

4. Während die Nockerln garen, die Tomaten überbrühen, enthäuten, halbieren, von den Stielansätzen befreien, entkernen und in grobe Würfel schneiden. Knoblauch und Zwiebel schälen, würfeln und im heißen Öl andünsten. Die Tomatenwürfel zu der Zwiebel-Knoblauch-Mischung geben. Das Ganze gut durchkochen lassen und abschmecken.

5. Die geschmolzenen Tomaten jeweils in die Mitte eines vorgewärmten Tellers geben. Die Nockerln aus dem Wasser nehmen, kurz abtropfen lassen und sternförmig auf den Tomaten anrichten. Das Ganze sofort servieren.

Günther Vöhringer

Gugelhupf von Weißbrot mit Steinpilzen

Fettaugen: 7

Zubereitungszeit: ca. 1 Stunde

Sie benötigen für 4 Portionen:

Für den Gugelhupf:

300 g Steinpilze
1 Schalotte
1 EL Butter
250 g Toastbrot ohne Rinde
1/8 l Milch (1,5% Fett)
5 Eier
2 EL gemischte gehackte Kräuter (Schnittlauch, Estragon, Basilikum)
Salz
etwas frisch gemahlenen Pfeffer
etwas gemahlenen Kümmel
etwas geriebene Muskatnuß

Für die Sauce:

1 EL Walnußöl, 1 Prise Zucker
Salz, frisch gemahlenen Pfeffer

Außerdem:

1 EL Butter und
einige Semmelbrösel für die Form

So wird's gemacht:

1. Den Backofen auf 160°C vorheizen. Die Pilze putzen, waschen und in feine Würfel schneiden. Die Schalotte schälen, fein würfeln und in der heißen Butter anschwitzen. Die Steinpilze dazugeben, kurz mit anbraten und das Ganze beiseite stellen.

2. Die Toastbrotscheiben in grobe Würfel schneiden und in der Milch einweichen. Die Eier trennen. Die Eigelbe und etwa zwei Drittel der Steinpilze zur Weißbrot-Milch-Masse geben. Die Eiweiße zu steifem Schnee schlagen und diesen zusammen mit den Kräutern sowie den Gewürzen vorsichtig unter die Masse heben.

3. Eine kleine Gugelhupf- oder Puddingform mit der Butter ausfetten und mit den Bröseln ausstreuen. Die Weißbrot-Pilz-Masse hineinfüllen. Den Gugelhupf in ein Wasserbad setzen und im Ofen in etwa 40 Minuten garen.

4. In der Zwischenzeit das Walnußöl mit Zucker, Salz und Pfeffer verrühren und abschmecken. Die restlichen Steinpilze mit der Sauce gut vermischen.

5. Den Gugelhupf aus dem Ofen nehmen, kurz ruhen lassen, auf einen Teller stürzen, aufschneiden, auf vier Teller setzen, die Sauce dazugeben und das Ganze servieren.

PfundsKur-Tip

Der Gugelhupf kann auch als Beilage zu einem leichten Mittagessen serviert werden. Dann reicht die Menge für etwa 8 Portionen.

Frank Rönz

G'schwellte mit Bibbeleskäs

Fettaugen: 3

Zubereitungszeit: ca. 35 Minuten

Sie benötigen für 4 Portionen:

4 große Kartoffeln
½ kleine Zwiebel
300 g Speisequark (20% Fett)
2 EL Schnittlauchröllchen
Salz
frisch gemahlenen Pfeffer
gemahlenen Kümmel

Außerdem:

4 Scheiben Vollkornbrot
4 Scheiben würzigen Bergkäse
(45% Fett i. Tr.)

So wird's gemacht:

1. Kartoffeln waschen, abbürsten und in reichlich Salzwasser als Pellkartoffeln garen.
2. Inzwischen die Zwiebel schälen und ganz fein hacken. Den Quark mit den Schnittlauchröllchen und den Zwiebelwürfeln glattrühren. Alles mit Salz, Pfeffer und Kümmel abschmecken.
3. Die Kartoffeln abgießen, eventuell bereits schälen und zusammen mit dem Quark servieren. Das Brot und den Käse zum Gericht reichen.

Martin Steiner

Filderkraut mit Dinkelspätzle

Fettaugen: 4

Zubereitungszeit: ca. 1 Stunde

Sie benötigen für 4 Portionen:

Für die Spätzle:

100 g sehr fein gemahlenes
Dinkelvollkornmehl
70 g Weizenmehl
2 Eier, Meersalz

Für das Kraut:

1 kleine Lauchzwiebel
1 kleine Gemüsezwiebel
½ Kopf junges Weißkraut (ca. 330 g)
2 EL Distelöl
¼ l Fleischbrühe
oder -fond (Fertigprodukt)

Außerdem:

4 EL frische gehackte Kräuter
(Kerbel, Dill, Petersilie,
Schnittlauch)
Salz, frisch gemahlenen Pfeffer
geriebene Muskatnuß

So wird's gemacht:

1. Das Dinkelvollkornmehl mit dem Weizenmehl, den Eiern, etwa 8 Eßlöffeln Wasser und etwas Salz verrühren. Das Ganze kräftig durchschlagen. Der Teig soll nicht zu dünn sein.
2. In einem großen Topf reichlich leicht gesalzenes Wasser aufkochen lassen. Jeweils wenig Spätzleteig auf ein feuchtes Holzbrett geben und mit einem Metallschaber (Palette) in möglichst dünnen Streifen in das siedende Wasser schaben. Alles einmal aufkochen lassen, die Spätzle mit dem Schaumlöffel herausnehmen und kurz mit kaltem Wasser abbrausen. Den gesamten Teig auf diese Weise verarbeiten.

3. Die Zwiebeln putzen und fein würfeln. Das Weißkraut putzen, vom Strunk befreien, fein hobeln und waschen. Das Distelöl in einem Topf kurz erhitzen und die Zwiebelwürfel darin anschwitzen. Dann das Weißkraut und die Brühe dazugeben. Alles etwa 10 bis 15 Minuten dünsten. Das Kraut soll gerade noch Biß haben.
4. Die Spätzle und die Kräuter zum Kraut geben und das Ganze mit Salz, Pfeffer und Muskatnuß abschmecken. Die Krautspätzle auf vier Teller verteilen und servieren.

Ein Arzt zum Schwertschlucker: „Schluß jetzt mit den Säbeln! Strengste Diät! Nur noch Obstmesser!"
Volksmund

Karl Schempf

Rotkrautsalat mit Lammleber

Fettaugen: 4

Zubereitungszeit: ca. 1/2 Stunde
Marinierzeit: ca. 1 Stunde

Sie benötigen für 4 Portionen:

Für den Rotkrautsalat:
- 1/2 mittelgroßen Kopf junges Rotkraut (ca. 400 g)
- 4 EL Rotweinessig
- 1 EL Olivenöl
- Salz
- 1 Prise Zucker

Für den Blattsalat:
- ca. 100 g gemischten Blattsalat (Feld-, Eichblatt-, Friséesalat)
- 1 TL Sherryessig
- 1 EL Walnußöl
- Salz

Für die Leber:
- 200 g Lammleber
- 2 EL Mehl
- 1 EL Olivenöl

Außerdem:
- 4 Stückchen Baguette

So wird's gemacht:

1. Das Rotkraut putzen, vom Strunk befreien, waschen, trockentupfen und in ganz feine Streifen schneiden. Rotweinessig und Olivenöl zu einer Marinade verrühren. Diese mit Salz und Zucker abschmecken und über das Kraut geben. Dann alles etwa 1 Stunde marinieren.

2. Kurz vor Ende der Marinierzeit, die Blattsalate putzen, waschen, trockenschleudern und mit dem Sherryessig, dem Nußöl und wenig Salz anmachen. Die Blattsalate auf Tellern kreisförmig anrichten. Den Rotkrautsalat darauf verteilen.

4. Die Leber in feine Scheiben schneiden und in dem Mehl kurz wenden. Das Öl in einer beschichteten Pfanne erhitzen und die Leberscheiben darin braten, sie dann auf die Teller geben. Das Ganze zusammen mit dem Baguette servieren.

PfundsKur-Tip
Anstelle der Lammleber kann auch Kalbs-, Rinder- oder Geflügelleber verwendet werden.

„Rom hatte vier Jahrhunderte lang keinen Arzt. Während dieser Zeit war Kraut das Universalmittel gegen alles Wehe, und es scheint nicht, daß damals mehr Leute gestorben sind, als wenn in der Hauptstadt der Welt Doktoren in Menge gewesen wären."
E.v. Vaerst

Heinz Renninger

Krautsalat

Fettaugen: 2

Zubereitungszeit: ca. 1/2 Stunde
Zeit zum Durchziehen:
ca. 20 Minuten

Sie benötigen für 4 Portionen:
1 kleine Kopf junges Weißkraut
(ca. 600 g)
150 g Trauben
2 Äpfel
2 EL Apfelessig
2 EL Traubenkernöl
Salz
frisch gemahlenen Pfeffer

Außerdem:
etwas Brunnen- oder Kapuziner-
kresse zum Garnieren
100 g Weißbrot
4 Kümmelstangen

So wird's gemacht:

1. Das Kraut putzen, vom Strunk befreien, waschen und ganz fein schneiden oder hobeln. Die Trauben waschen, trockentupfen, von den Stengeln zupfen, halbieren und entkernen. Die Äpfel waschen, halbieren, vom Kerngehäuse befreien und fein raspeln.

2. Apfelraspeln, Traubenhälften und Krautstreifen mischen. Essig und Öl darübergießen, das Ganze gut vermischen und mit Salz und Pfeffer würzen. Den Salat etwa 20 Minuten durchziehen lassen.

3. In der Zwischenzeit die Kresse waschen und trockentupfen. Das Weißbrot entrinden und in Würfel schneiden. Diese in einer Pfanne trocken rösten.

4. Die Kresse auf vier Teller verteilen, den Salat darauf anrichten und die Brotwürfel (Croûtons) darauf geben. Den Krautsalat mit den Kümmelstangen servieren.

Otto Harter

Vitalsalat

Fettaugen: 4

Zubereitungszeit: ca. 40 Minuten

Sie benötigen für 4 Portionen:

Für den Salat:
1 kleinen Eisbergsalat
½ mittelgroße Gurke
1 mittelgroße Karotte
8 Champignons
2 Tomaten
8 Radieschen
50 g Kresse
4 EL gemischte Keime und Sprossen (Weizen, Mungobohnen, Linsen, Radieschen)
1 EL Sesamkörner (ca. 10 g)
2 EL gehobelte Haselnüsse (ca. 20 g)

Für das Dressing:
2 EL Distelöl
Saft von ½ Zitrone
1 EL Obstessig
1 TL Meersalz
frisch gemahlenen Pfeffer
1 Knoblauchzehe
1 TL frisch gehackte Kräuter (Thymian, Basilikum, Kerbel, Melisse)

Außerdem:
4 Sechkornbrötchen

So wird's gemacht:

1. Den Eisbergsalat putzen, waschen, trockenschleudern und in mundgerechte Stücke zerpflücken. Die Gurke und die Karotte waschen und schälen. Die Karotte in feine Streifen schneiden oder hobeln. Die Champignons putzen und waschen. Die Pilze und die Gurke in Scheiben schneiden.

2. Die Tomaten überbrühen, enthäuten, halbieren, von den Stielansätzen befreien, achteln und entkernen. Die Radieschen putzen, waschen und in Scheiben schneiden. Alle vorbereiteten Salatzutaten in einer Schüssel mischen.

3. Distelöl, Zitronensaft und Obstessig gut miteinander verrühren. Das Dressing mit Salz und Pfeffer abschmecken und etwa 10 Minuten ziehen lassen. In der Zwischenzeit die Kresse waschen und trokkentupfen. Die Keime und Sprossen abbrausen und gut abtropfen lassen.

4. Die Knoblauchzehe schälen, auf eine Gabel stecken und damit das Dressing nochmals gut durchrühren. Den Knoblauch entfernen und die gehackten Kräuter dazugeben.

5. Das Dressing über den Salat geben und alles mischen. Den Vitalsalat auf vier Tellern anrichten, Keime und Sprossen, Sesamkörner und Haselnüsse darüberstreuen. Die Kresse darauf verteilen. Das Ganze zusammen mit den Sechskornbrötchen servieren.

PfundsKur-Tip

Anstelle von Eisbergsalat kann man auch andere Blattsalate verwenden.

Maßvoll zu sein im Essen bringt sechsfachen Vorteil: man bleibt gesund, lebt lange, ist stets kräftig, fühlt sich wohl, hat prächtige Kinder und wird von den andern nicht als Vielfraß geschmäht.
Aus Indien

Karl J. Haaf

Dinkelsalat

Fettaugen: 1

Zubereitungszeit: ca. 40 Minuten
Einweichzeit: ca. 6 Stunden

Sie benötigen für 4 Portionen:
140 g Dinkel- oder Grünkernkörner
1 l kalte Gemüsebrühe (Instantprodukt)
½ kleine grüne Paprikaschote
½ kleine gelbe Paprikaschote
200 g reife Tomaten
3 EL Schnittlauchröllchen
1 EL Sonnenblumenöl
Saft von ½ Zitrone, 1 TL Senf
Meersalz, frisch gemahlenen Pfeffer

Außerdem:
einige Blätter Frisée- oder Löwenzahnsalat zum Anrichten
4 Vollkornbrötchen

So wird's gemacht:

1. Den Dinkel oder Grünkern waschen und etwa 6 Stunden in der Gemüsebrühe einweichen. Das Ganze danach etwa ½ Stunde kochen, dann erkalten lassen.

2. Die Paprikaschotenhälften von den Stielansätzen und Trennhäuten befreien, entkernen, waschen und in kleine Würfel schneiden. Die Tomaten überbrühen, enthäuten, halbieren, von den Stielansätzen befreien und grob würfeln.

3. Das eingeweichte Getreide mit Gemüse und Schnittlauch mischen, das Sonnenblumenöl darübergeben und alles mit Zitronensaft, Senf, Salz und Pfeffer abschmekken. Den Salat zusammen mit den Frisée- oder den Löwenzahnblättern auf vier Tellern anrichten und mit den Brötchen servieren.

Dinkel ist eine Weizenart, die vor der Reife als Grünkern geerntet wird.

Volker Sammet

Linsensalat mit Keimen und Lauchzwiebeln

Fettaugen: 2

Zubereitungszeit: ca. 40 Minuten
Marinierzeit: ca. 1/4 Stunde

Sie benötigen für 4 Portionen:

- 100 g grüne Linsen
- 100 g rote Linsen
- 150 g Linsenkeimlinge
- 1 Bund Frühlingszwiebeln
- 1 EL milde Sojasauce
- 1 Spritzer Sherryessig
- 2 EL Weizenkeimöl
- Salz
- frisch gemahlenen Pfeffer

Außerdem:

- 1 Bund Radieschen zum Garnieren
- 4 Scheiben Vollkorntoast

So wird's gemacht:

1. Beide Sorten Linsen waschen und abtropfen lassen. Zunächst die grünen in reichlich leicht gesalzenem Wasser in 10 bis 15 Minuten bißfest garen, abgießen und abschrecken. Dann die roten Linsen ebenfalls in leicht gesalzenem Wasser in etwa 2 Minuten bißfest garen, abgießen und abschrecken.

2. In der Zwischenzeit die Keimlinge kurz abbrausen und abtropfen lassen. Die Frühlingszwiebeln putzen, waschen und in feine Ringe schneiden.

3. Die Linsen mischen, mit der Sojasauce und dem Essig übergießen, alles vermengen und etwa 1/4 Stunde marinieren. Dann die Keime, die Zwiebeln und das Öl dazugeben und alles mit Essig, Salz und Pfeffer abschmecken. Die Radieschen putzen, waschen und in feine Streifen schneiden.

4. Die Toastscheiben entrinden, in Würfel schneiden und in einer beschichteten Pfanne trocken rösten. Den Linsensalat auf vier Tellern anrichten und die Brotwürfel (Croûtons) darübergeben. Das Ganze mit den Radieschenstreifen garnieren und servieren.

Die Linse ist eine der ältesten Kulturpflanzen der Welt und war für Jahrtausende als Volksnahrungsmittel eine Vorläuferin der Kartoffel.

Helmut Schiffner

Hähnchenleber mit roten Zwiebeln auf Linsen-Kartoffel-Salat

Fettaugen: 5

Zubereitungszeit: ca. 1 Stunde

Sie benötigen für 4 Portionen:

Für den Salat:
- 500 g Salatkartoffeln
- 80 g kleine grüne Linsen
- 300 ml Fleischbrühe oder -fond (Fertigprodukt)

Für die Leber und die Zwiebeln:
- 250 g Hähnchenleber
- 2 rote Zwiebeln
- Saft von ½ Zitrone
- 1 TL Zucker
- Salz
- frisch gemahlenen Pfeffer
- 2 EL Öl
- 1 Bund gehackte Petersilie

Für die Marinade:
- 1 Zwiebel
- 1 EL Essig
- 2 EL Öl
- 1 TL Senf
- Salz
- frisch gemahlenen Pfeffer
- 1 TL Zucker

Außerdem:
- 1 Kästchen Gartenkresse
- 4 Radieschen
- 4 Scheiben Kräutervollkornbrot

So wird's gemacht:

1. Die Kartoffeln waschen, abbürsten und in leicht gesalzenem Wasser als Pellkartoffeln garen. Inzwischen die Linsen waschen, in der Brühe in etwa 20 Minuten gar kochen, herausnehmen und mit kaltem Wasser abschrecken.

2. Inzwischen die Leber vom Bindegewebe befreien, kalt abwaschen, auf Küchenkrepp trocknen und kalt stellen. Die roten Zwiebeln schälen, halbieren, vom Wurzelansatz befreien, in die einzelnen Schichten zerpflücken und diese in etwa 1 x 1 cm große Rauten schneiden. Die Zwiebelrauten mit Zitronensaft, Zucker, Salz und Pfeffer sowie 1 Eßlöffel des Öls weichdünsten. Das Ganze anschließend beiseite stellen.

3. Für die Salatmarinade die Zwiebel schälen, fein würfeln und mit Essig, Öl, Senf, Salz, Pfeffer und Zucker gut verrühren.

4. Die Kartoffeln abgießen, noch heiß schälen, im lauwarmen Zustand in Scheiben hobeln oder schneiden und in eine Schüssel geben. Die Marinade und etwas von der Linsen-Fleisch-Brühe darübergießen, die Linsen beigeben und alles vorsichtig vermengen.

5. Die Leberstücke in einer beschichteten Pfanne in dem restlichen Öl nicht zu lange anbraten, mit Salz und Pfeffer würzen, kurz auf Küchenkrepp abtropfen lassen und ohne das Öl zu den roten Zwiebeln geben. Das Ganze abdecken und beiseite stellen.

6. Die Gartenkresse abschneiden, waschen und trockentupfen. Die Radieschen putzen, waschen und in Scheiben schneiden. Den Kartoffel-Linsen-Salat auf vier Tellern anrichten und mit einem Kreis aus etwas Kresse und den Radieschenscheiben garnieren. Nun die Leber-Zwiebel-Mischung zusammen mit der Petersilie kurz durchschwenken und auf den Linsen-Kartoffel-Salat geben. Das Ganze mit dem Kräutervollkornbrot servieren.

Helmut Lauser

Rinderfiletspitzen auf Blattsalat mit Joghurtdressing

Fettaugen: 3

Zubereitungszeit: ca. 40 Minuten

Sie benötigen für 4 Portionen:

Für die Filetspitzen:
250 g Rinderfilet
½ l Rinderbrühe oder -fond (Fertigprodukt)

Für den Salat:
ca. 400 g gemischten Blattsalat (Eisbergsalat, Lollo rosso, Frisée, Eichblattsalat, Kopfsalat)
250 g Linsenkeimlinge
2 Grapefruits mit rosafarbenem Fleisch
2 Orangen
2 rote Zwiebeln

Für das Dressing:
400 g Joghurt (1,5% Fett)
4 EL Zitronensaft
Salz, frisch gemahlenen Pfeffer
etwas Zucker
1 EL frisch gehackten Estragon (ersatzweise Basilikum)
1 EL gehackte Dillspitzen
evtl. etwas Milch (3,5% Fett)

Außerdem:
2 EL gehobelte Haselnüsse (ca. 20 g)
4 Scheiben Vollkornbrot

So wird's gemacht:

1. Das Rinderfilet in feine Streifen schneiden. Die Rinderbrühe erhitzen und die Filetstreifen in der heißen Brühe etwa 20 Minuten lang pochieren.

2. Während die Filetspitzen garen, den Salat putzen, waschen, trockenschleudern und in mundgerechte Stücke zerpflücken. Die Linsenkeimlinge waschen und abtropfen lassen. Keimlinge und Salat mischen und auf vier Teller verteilen.

3. Die Grapefruits und die Orangen filetieren. Dazu die Schalen der Zitrusfrüchte so abschneiden, daß auch die weißen Häute mit entfernt werden. Nun an den Zwischenhäuten herunterschneiden und die Filets herauslösen (siehe Seite 12). Die Zwiebeln schälen und in dünne Ringe schneiden. Zitrusfilets und Zwiebelringe auf dem Salat anrichten.

4. Den Joghurt mit Zitronensaft, Salz, Pfeffer, Zucker sowie den Kräutern mischen. Das Ganze wenn nötig mit etwas Milch verdünnen. Die Haselnüsse in einer beschichteten Pfanne trocken rösten.

5. Das Dressing spiralförmig über den Salat gießen. Das Ganze mit den gerösteten Haselnüssen bestreuen. Zum Schluß die lauwarmen Filetspitzen auf dem Salat anrichten und ihn zusammen mit dem Vollkornbrot servieren.

Volker Sammet

Tomatengelee auf Basilikumquark

Fettaugen: 0

Zubereitungszeit: ca. 25 Minuten
Kühlzeit: 4–5 Stunden

Sie benötigen für 4 Portionen:

Für das Gelee:
- 5 Blatt rote Gelatine
- 500 g vollreife Tomaten
- Selleriesalz
- frisch gemahlenen Pfeffer
- Cayennepfeffer
- einige Tropfen Tabasco

Für den Quark:
- 500 g Magerquark
- 4 EL Milch (1,5% Fett)
- 1 Schuß milden Balsamessig
- frisch gemahlenen Pfeffer, Salz
- 1 Bund Basilikum

Außerdem:
- 4 Laugenstangen

So wird's gemacht:

1. Die Gelatine in reichlich kaltem Wasser einweichen. Die Tomaten überbrühen, enthäuten, vierteln, von den Stielansätzen befreien und im Mixer oder mit einem Pürierstab kurz pürieren. Das Püree durch ein Sieb streichen.

2. Die Gelatine gut ausdrücken, in einem kleinen Edelstahltopf bei geringer Hitzezufuhr auflösen und unter das Tomatenpüree rühren. Die Masse gut würzen, in vier Portionsförmchen füllen und das Ganze 4 bis 5 Stunden kalt stellen.

3. Den Quark mit der Milch glatt rühren und kräftig abschmecken. Das Basilikum waschen, trockentupfen, die Blätter von den Stengeln zupfen, einige schöne Blätter zurückbehalten und den Rest in ganz feine Streifen schneiden. Die Basilikumstreifen unter den Quark heben.

4. Die Förmchen für 1 bis 2 Sekunden in heißes Wasser tauchen und das Tomatengelee auf Teller stürzen. Den Basilikumquark um das Gelee herum verteilen und das Ganze mit den Basilikumblättchen garnieren. Das Tomatengelee zusammen mit dem Laugengebäck servieren.

„Im vorigen Jahrhundert sahen die Vertreter der Obrigkeit in der roten Farbe der Tomate eine politische Gefahr, und in der Kirche hörte man: Hütet euch, eure Söhne und Töchter vor der fremden Tomate. Gegenwärtig hat man dem Liebesapfel auch in Deutschland Geschmack abgewonnen."
Brockhaus 1896

Adressenverzeichnis

Assenheimer, Otto
Gasthof Lamm
7101 Löwenstein

Autenrieth, Jürgen
Hotel Herrmann
7420 Münsingen

Bader, Karl
Gasthof Schwanen
7414 Lichtenstein

Belke, Gernot
Kasino der Technischen Werke
7000 Stuttgart 1

Blessing, Roland
Blessing's Landhotel
7061 Berglen-Lehnenberg

Clement, Hartmut
Gasthof Adler
7321 Wangen bei Göppingen

Diener, Thomas
Rest. Diener
7465 Geislingen

Ebermann, Jörg
Gasthof Linde
7446 Oberboihingen

Fecker, Andreas
Birkenweg 5
7772 Uhldingen

Fischer, Manfred
Kasino der Württ.-Lebensvers. AG
7000 Stuttgart 1

Frey, Lothar
Allianz-Lebensvers. AG
7000 Stuttgart 1

Gaiser, Rudi
Hohenstaufenstr. 10
7024 Filderstadt

Gulewitsch, Dietmar
Gestütsgasthof
7423 Gomadingen-Offenhausen

Haaf, Karl J.
Olgahospital
7000 Stuttgart 1

Häußer, Matthias
Hotel Löwen
7151 Heutensbach

Handte, Karl
Gasthaus Stern
7443 Frickenhausen

Handte, Rolf
Betriebs-Kasino des
Gerling Konzerns
7000 Stuttgart 1

Harter, Otto
Gasthaus Waldhorn
7430 Metzingen-Glems

Heller, Karl-Heinz
Gasthof Rössle
7154 Althütte-Waldenweiler

Heubach, Eugen
Landgasthof Heubach-Krone
7057 Winnenden-Birkmannsweiler

Högg, Hubert
Gasthof Wilder Mann
7080 Aalen-Wasseralfingen

Hofmann, Walter
Gasthof Lamm
7056 Weinstadt-Strümpfelbach

Käfer, Hans
Rest. Bürgerstuben
7127 Pleidelsheim

Kälber, Klaus
Hotel Kälber
7080 Aalen-Unterkochen

Klöpfer, Rainer
Kasino der Württ.-Lebensvers. AG
7000 Stuttgart 1

Knipp, Karl
Kasino der Württ.-Lebensvers. AG
7000 Stuttgart 1

Koch, Jürgen
Hotel-Rest. Laurentius
6992 Weikersheim

Könneke, Hans
Restaurant Stadtschänke
7141 Großbottwar

Kopp, Johann
Verpflegungsbetr. der
Daimler Benz AG
7000 Stuttgart 80

Kotheder, Hans-Peter
Weingut Lorenz
7141 Großbottwar

Kottmann, August
Gasthof Hirsch
7342 Bad Ditzenbach-Gosbach

Krehl, Volker
Hotel-Rest. Krehl's Linde
7000 Stuttgart 50

Land, Klaus-Dieter
Gasthof Ochsen
7121 Ingersheim

Lauser, Helmut
Gourmet-Service
7440 Nürtingen-Reudern

Manske, Karl-Heinz
Landhotel Rosengarten
7624 Bad Rippoldsau

Maucher, Manfred
ZDF-Kasino
6500 Mainz

Nagel, Friedrich
Casino der Allianz-Vers. AG
7000 Stuttgart 1

Neidhardt, Uli
Rest. Graf Eberhardt
7432 Bad Urach

Neises, Harald A.
Schloßhotel Monrepos
7140 Ludwigsburg

Pfitzer, Rudi
Gasthof Krone
7157 Murrhardt-Fornsbach

Prechtl, Werner
Kasino des Psych.
Landeskrankenhauses
7057 Winnenden

Renninger, Heinz
Gasthof Hasen
7014 Kornwestheim

Rönz, Frank
Hotel Krone
7238 Oberndorf-Beffendorf

Sammet, Volker
Hotel Sammet
7149 Freiberg/Neckar

Sauter, Berthold
Verpflegungsbetr. der
Daimler Benz AG
7000 Stuttgart 80

Seitz, Jürgen
Betriebsrest. der
Daimler Benz AG
7000 Stuttgart 80

Schairer, Volker
Gasthof Löwen
7433 Dettingen/Ems

Schempf, Karl
Rest. Birkenhof
7133 Maulbronn

Schiffner, Helmut
Landhotel Haghof
7077 Alfdorf

Schlotz, Fritz
Gourmet-Service Lauser
7440 Nürtingen-Reudern

Schmid, Friedrich
Gasthof Lamm
7053 Kernen

Schwarz, Manfred
Hotel Rebstock
7745 Schonach

Schweizer, Alfred
Rest. Hahnen
7024 Filderstadt-Sielmingen

Steiner, Martin
Hotel-Rest. am Schinderbuckel
7024 Filderstadt

Steng, Rainer
Rest. Ratsstüble
7145 Markgröningen

Stengel, Ulrich G.
Rest. Pfund
7000 Stuttgart 50

Stephan, Rainer
Kasino der Deutschen Bank AG
7000 Stuttgart 1

Vöhringer, Günther
Wacholderweg 10
7342 Bad Ditzenbach

Vögele, Norbert
Berufsförderungszentrum
6729 Wörth

Wägerle, Dieter
Rest. Stumpenhof
7310 Plochingen

Wiedmann, Armin
Rest. Stern
7062 Rudersberg-Schlechtbach

Wurster, Georg
Hotel-Rest. Schwanen
7430 Metzingen

Zemanek, Friedrich
Haus Stucky
CH-3984 Fiesch

Zierhut, Thomas
Schloßhotel Monrepos
7140 Ludwigsburg

Rezeptverzeichnis

Wichtige Abkürzungen:

ca.	=	zirka
EL	=	Eßlöffel
g	=	Gramm
kg	=	Kilogramm
l	=	Liter
mg	=	Milligramm
Min.	=	Minuten
ml	=	Milliliter
Msp.	=	Messerspitze
Std.	=	Stunde
TK-...	=	Tiefkühl ...
TL	=	Teelöffel

Hinweise zu den Rezepten

- Die Angaben zum Fettaugengehalt gelten für eine Portion.
- Die Zutatenmengen beziehen sich bei Stückangaben, wie zum Beispiel „1 kleine Möhre", auf die Rohware, bei Grammangaben, wie zum Beispiel „500 g Kartoffeln", auf gewaschene, geputzte, küchenfertige Lebensmittel.
- Bei Mengenangaben wie Teelöffel (TL) und Eßlöffel (EL) wird von gestrichenen Maßen ausgegangen. Ausnahmen sind jeweils angegeben.
- Die Zubereitungszeiten umfassen sowohl die Vorbereitungs- als auch die Garzeiten. Hier wurden durchschnittliche Werte zugrunde gelegt, die natürlich individuellen Schwankungen unterworfen sind. Besonders ausgewiesen wurden spezielle Zeiten, wie zum Beispiel die Zeit zum Kühlen oder Quellen.
- Bei der Zutat „Weizenmehl" handelt es sich um Auszugsmehl der Type 405.
- Spezielle Getreidesorten, wie zum Beispiel Dinkel, Grünkernschrot oder Buchweizengrütze, sind in gut sortierten Einzelhandelsgeschäften, auf jeden Fall aber im Reformhaus erhältlich.
- In einigen Rezepten werden Keime und Sprossen verwendet. Man bekommt sie in Gemüsegeschäften und oft auch im Supermarkt. Wer sie selbst ziehen möchte, dem sei das Buch „Keime und Sprossen in der Naturküche" empfohlen, das ebenfalls im FALKEN Verlag erschienen ist.

In gleicher Ausstattung sind erschienen: Brotbacken · Italienische Küche · Chinesische Küche · Kalte Platten · Salate · Vegetarische Küche · Garnieren und Verzieren · Fondues und Raclettes · Single-Küche · Cocktails · Vollwertküche · Flambieren · Französische Küche · Bürgerliche Küche · Keime und Sprossen · Bistroküche · Festlich kochen und backen · Feine Salate · Vollkornbackstube · Köstliche Gerichte mit dem Wok · Spanische Küche · Thailändische Küche

Die Deutsche Bibliothek – CIP-Einheitsaufnahme

PfundsKur-Kochbuch / Fred Metzler. Hrsg. SDR 1 in Zsarb. mit der AOK. [Fotos: Wolfgang Feiler ...]. – Niedernhausen/Ts. : FALKEN, 1993
ISBN 3-8068-4726-6
NE: Metzler, Fred; Feiler, Wolfgang

ISBN 3 8068 4726 6

Umschlaggestaltung: Peter Udo Pinzer
Titelbild: Dieter Hanitzsch
Fotos: Wolfgang Feiler, Fotostudio, Karlsruhe
außer folgenden Fotos: S. 2/3, 10/11 und 11 H.-J. Schwarz, Mainz; S. 25, 48/49, 49, 86/87 und 87 Xeniel Dia/Mögle, Stuttgart; S. 24/25 Xeniel Dia/Mathyschok
Redaktion: Silvia Faller
Herstellung: Petra Zimmer

Satz: Grunewald Satz & Repro GmbH, Kassel
Druck: Appl, Wemding

817 2635 4453 62